チャートがしっかり読めるようになるFX入門

外為オンライン・シニアアナリスト
佐藤正和

SE
SHOEISHA

はじめに

私が外国為替の世界に携わって、すでに30年以上の月日が流れています。フランス系の外国銀行に勤務していた当初は、日本円が変動相場制に移行したばかりの「ＦＸ黎明期」でした。

今でも覚えているのは、日本の紙幣がいっぱいに詰まったスーツケースを税関まで引き取りにいったこと。当時はまだ電子取引も発達しておらず、新婚旅行客などが海外で外貨に両替した日本円はまるごと日本に送り返される時代だったのです。

そんなアナログな時代から、外国為替の世界は大きく進化しました。いまや、ＦＸ会社にネット口座を開設すれば、誰でも簡単に、ネット上で外貨を取引できるようになりました。

ＦＸは日本語では「外国為替証拠金取引」という難しい名前がついていますが、要は、為替レートの値動きをうまくとらえて利益を上げることを目指すものです。自己資金を超える金額の投資ができるので、少ない元手を大きく増やせるチャンスが満載です。

私が講師を務めている「外為オンライン」というＦＸ会社のセミナーにも、ＦＸに興味を持った投資家の方々が毎回、おおぜい参加されています。中には、セミナー受講をきっかけにＦＸに本格参入し、億単位の利益を得られた方もいるほどです。

セミナー講師を務めることで、数多くのＦＸ初心者の方々と出会い、不安や疑問を解消してきました。

「ＦＸで儲けたい、でも損はしたくない」という期待や不安――。

「ＦＸで成功したい。そのためには何をすればいいのか？」という興味や好奇心――。

「こうすれば儲かるんじゃないか？」「こんな取引をして失敗してしまった」といった、初心者ならではの思いや経験――。

ＦＸに対する夢や希望は人それぞれですが、「多くの投資家の方々にＦＸで成功してもらいたい！」という私の思いは変わりません。多くの投資家のみなさんがこの本を読んで「ＦＸに出会えて本当によかった」と思ってもらえるよう、ＦＸの〝特訓〟を一から始めていきましょう！　なお、本書はＦＸの基礎から解説していますが、チャートの読み方に力点を置いた構成となっています。

佐藤正和の誌上セミナー

FXに対する疑問や期待はさまざま

FXのルールやテクニックを学び経験を積めば必ず成功する！

わたしは
1日1万円ぐらい儲かれば
十分なんですけど……

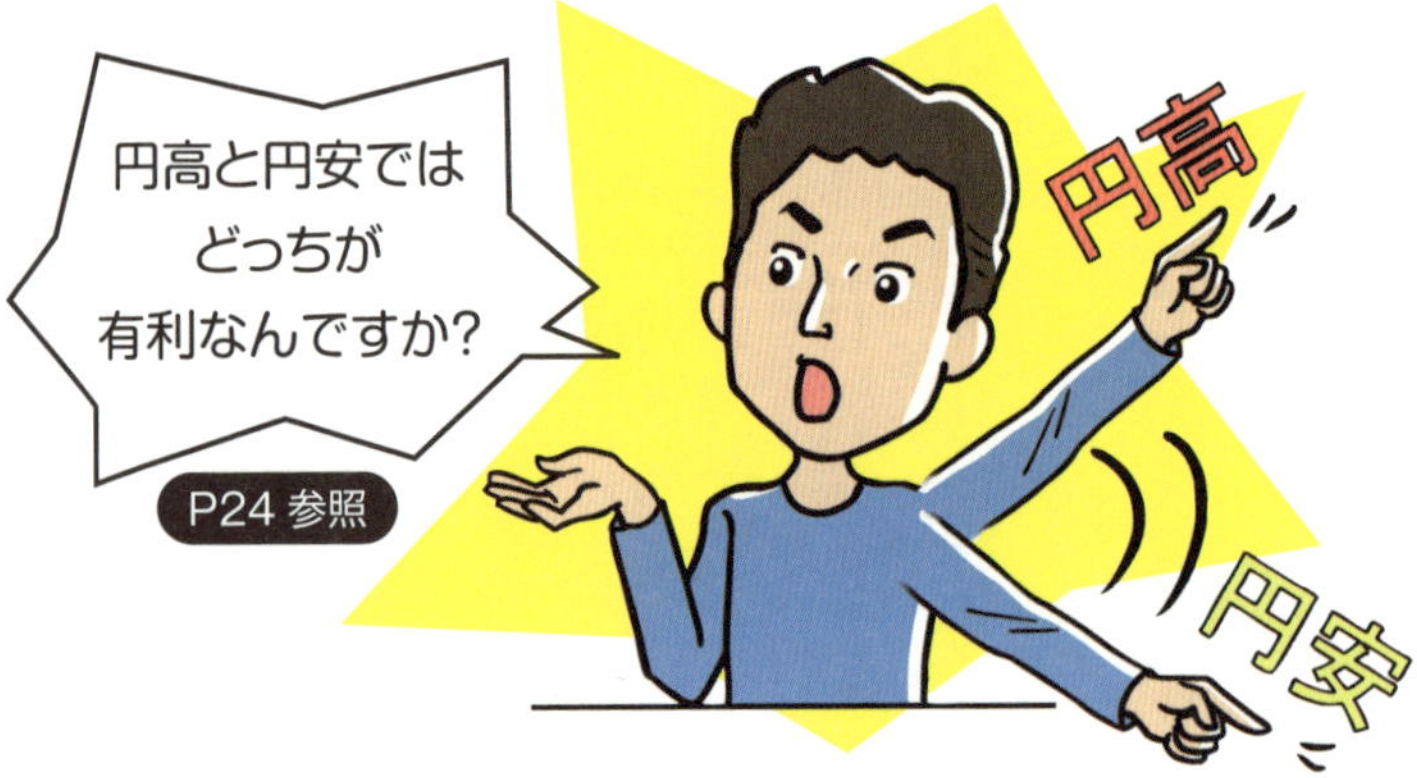
円高と円安では
どっちが
有利なんですか？
円高
円安

P24 参照

「どの通貨を買えば儲かるの？」
「1日1万円儲けたいんですが…」
「必ず儲かる方法を教えて！」

私が講師を務めるセミナーの参加者からは、よくこういった質問を受けます。〝とらぬ狸の皮算用〟と言ってしまえばそれまでですが、初心者の方々がFXに大きな期待を抱いている表れといえるでしょう。

当然ですが、ほかの金融商品と同様、FXには「こうすれば絶対に儲かる」「毎日1万円、必ず勝てる」といった〝絶対〟はありません。

ただし、ルールやテクニックをし

どの通貨を取引すれば儲かるんですか?
P44 参照
元手は10万円しかないけど大丈夫でしょうか？
P26 参照
投資家がFXに
求めるものはさまざま
ルールを守って経験を積めば
FX で利益を出すのは
難しくありません!

っかり学び、ある程度の経験を積めば、ＦＸで利益を出すのはそれほど難しくないのもまた事実なのです。

ＦＸに対する投資家の期待や疑問は実にさまざまですが、共通目標は資産を着実に増やすことです。

高望みせず年率5～10％の利益を目指そう

はじめのうちは、あまり高望みしないほうがいいでしょう。プロの投資家でも年率20％で資産運用できれば御の字といわれます。

「ＦＸの成績は利回りで考えましょう。まずは元手に対して毎年、コンスタントに5～10％の利益が上げられるようになりましょう」と私はいつもアドバイスしています。

レバレッジを制するものがFXを制する

猛獣・レバレッジを賢く使いこなすことがFXの登竜門！

FX最大の魅力はレバレッジ

元手の25倍まで投資できる!!

- 少額資金でも利益が出せる
- 資産倍増も夢じゃない!?

FXがこれほどブームになり、多くの投資家がぞくぞくと参戦する最大の理由は、少ない元手でも大きな利益が得られるからです。それを可能にしているのが、FX独特の「レバレッジ」というシステム。

「レバレッジ」は「てこ」という意味で、もともとは小さな力で大きなものを動かす道具のこと。FXはこの「レバレッジ」を駆使し、最大で元手の25倍までの大きな投資金額を動かせます。

しかし、このレバレッジには少額資金で大きな投資金額を動かせる半

レバレッジは両刃の剣

でも!

賢く使えば効率的に稼げるが間違った使い方をすると大損も!!

P26 参照

面、大きな損失に繋がる原因にもなっています。

怖い物知らずの初心者ほど罠にはまりやすい

事実、初心者の失敗でも一番多いのがこのレバレッジに関するもの。「ＦＸは元手の25倍まで取引できる」という言葉を鵜呑みにしてしまい、非常に高いレバレッジをかけてあっという間に大きな損失を抱えるケースが目立ちます。

レバレッジは天国にも地獄にもなる両刃の剣です。通常は元手の3倍から5倍、最大でも10倍程度のレバレッジにとどめておくべきです。本書ではさらに詳しく解説していきますので正しく理解してください。

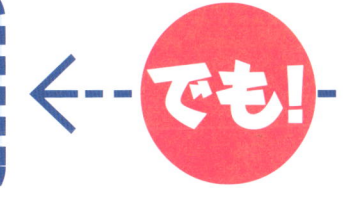

佐藤正和の誌上セミナー

FXで成功する人の特徴

女性は損切りが苦手!? 自分の性格を知るのも大切です

あくまで印象論になりますが、セミナーに参加している女性投資家の方々は日ごろのショッピングで「いいものを安く買いたい」という意識が高いせいか、「安くなったら買う。高くなったら売る」という逆張り志向が強い面があります。そのため、相場が比較的おだやかなときは、こつこつ利益を積み上げて堅実に儲けていくタイプが多いのが特徴です。

ただ、自分が行った取引に対して強い愛着を感じているせいか、損切りが苦手な方が多いようです。

一方、男性は？　というと、より

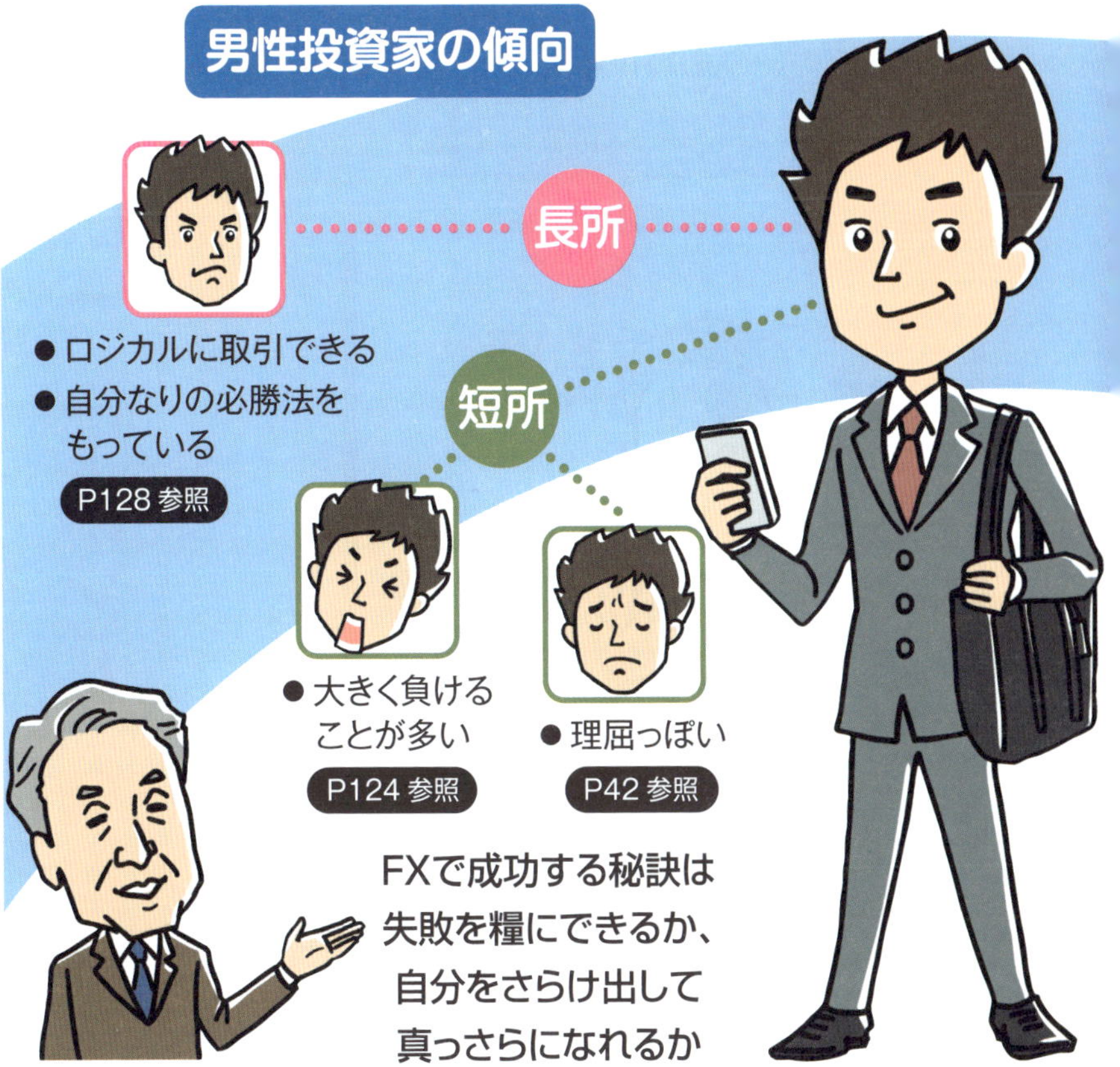

ハイリスク志向で、「こうすれば儲かる」といった必勝法や投資ロジックが大好きな面があります。ただ、自らの投資理論に酔ってしまって、予想が外れても「いや、私の考えに間違いはない」と独善的になってしまうのが弱点といえます。

「自分をさらけ出せる人」が成功しやすい

私の観察では、自分の失敗を素直に認めて、さらけ出せる人や、他人の意見も素直に取り入れられる人がＦＸで成功しやすいように思います。人生同様、自分の性格を客観視でき、感情や欲望をうまくコントロールできることが、ＦＸの世界でも大切なのです。

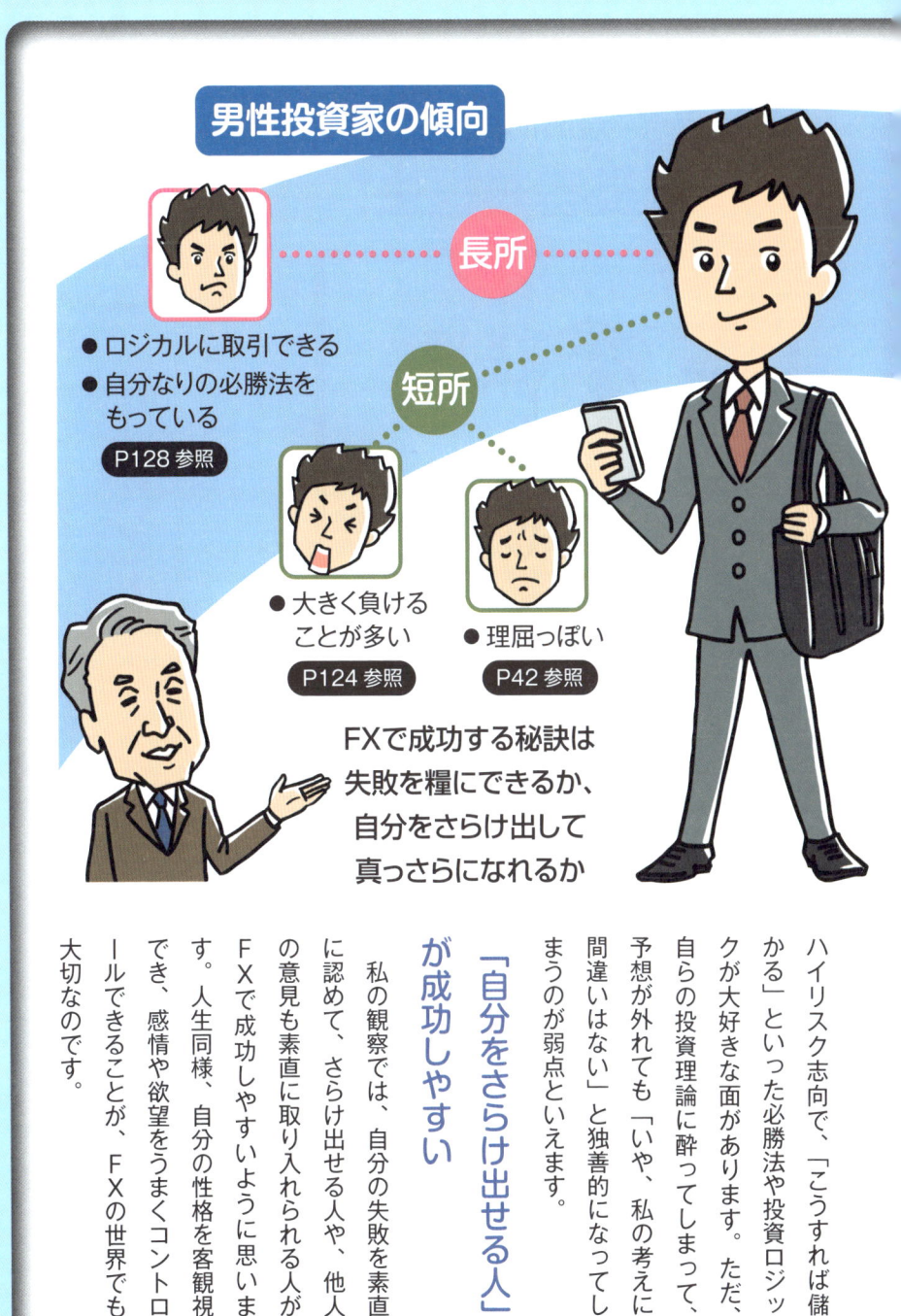

億万長者投資家の素顔

億万長者になれる投資家はいったいどんな人なのか？

セミナー出席者からは億万長者も誕生!

冒頭でも触れましたが、セミナー参加者の中には、億単位の利益を上げられた方もいます。

その方は、２０１１年頃、円が市場最高値の１ドル75円台をつけた際に米ドルを大量に買い、数年にわたって長期保有することで非常に大きな利益を得ました。

その方のすごいところは、利益がどんどん増えても利益確定しなかったことです。「為替相場が自分の予想通りに進んでいる間は、その流れにとことん乗るべき」という徹底したこだわりには、私も感嘆させられ

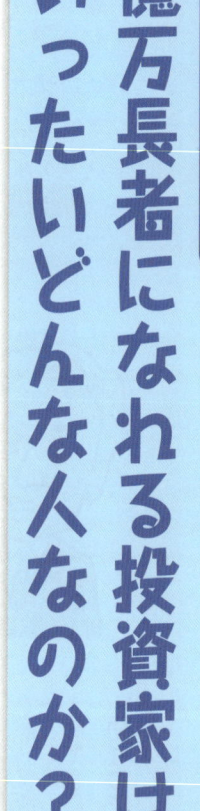

FXで億万長者になる3大条件

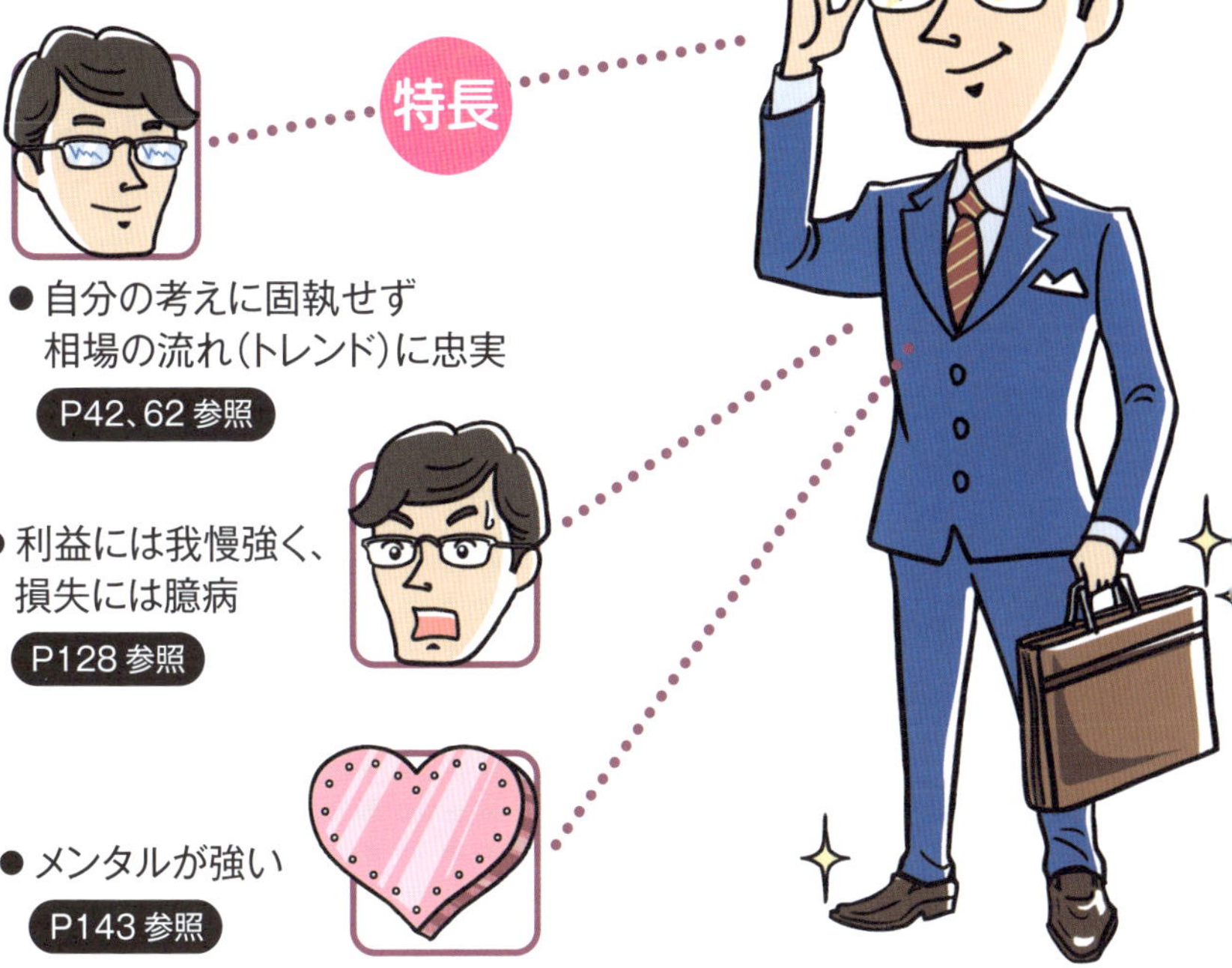
特長
● 自分の考えに固執せず
相場の流れ(トレンド)に忠実
P42、62 参照
● 利益には我慢強く、
損失には臆病
P128 参照
● メンタルが強い
P143 参照

ました。普通、自己資金が2倍になれば、「もう十分儲かったし、利益を確定してしまおう」という誘惑に負けてしまうもの。そこをぐっと我慢できる忍耐力が凡人と億万長者をわける境界線かもしれません。「損失には臆病に。利益には我慢強く」が成功の条件なのです。

必要なのはメンタル、技術、経験の3つ

その方の場合、決して頭でっかちではなく、為替相場の流れを沈着冷静に観察できる技術と経験の面でも非常に優れていました。メンタルや技術、経験のどれか1つではなく、そのすべてを兼ね備えることが億万長者への近道です。

佐藤正和の誌上セミナー

レッスン1　これだけわかれば怖くない！　ＦＸの全体像を学ぼう

レッスン2 チャートを使いこなして資産を増やす！ 基礎編

レッスン3　チャートを使いこなして資産を増やす！　応用編

レッスン4　知らなきゃ損！　さらに勝率が上がるマル秘テクニック

レッスン5 勝つために押さえておきたい予備知識

レッスン6 「ここぞ」で勝てる！ デモトレードで底力をつけよう

佐藤正和のコーヒーブレイク

Lesson 1

これだけわかれば怖くない！
FXの全体像を学ぼう

1-1 ＦＸは2つの国の通貨を交換することで利益を上げる

ＦＸは交換する2つの通貨があって初めて成立します。その組み合わせを「**通貨ペア**」といいます。

たとえば、日本円と米ドルの場合は「ドル／円」と呼び、日本円を米国ドルに両替する取引は「ドル／円買い」、逆に米国ドルを日本円に替える取引は「ドル／円売り」と表現します。

一般の日本人にとって為替取引といえば海外旅行での外貨両替のように、かならず自国通貨の日本円がからむものです。「米ドルに両替する」といえば、それが日本円を売って米ドルを買う取引だと直感的にわかりますが、外国人には、これではどの通貨を米ドルに交換したのかわかりません。そこで、ＦＸの世界では「ドル／円買い」と呼ぶのです。一般的にはあまりなじみのない言い方ですが、ＦＸで最初に覚えないといけない独特な表現といえるでしょう。

為替レートの変化が利益や損失に

さまざまな通貨ペアの交換比率は「**為替レート**」と呼ばれ、日々の取引で変化します。「米ドル／円」レートが「１００（買）」と表示されていれば、1ドルを１００円で買えることを意味します。

外貨を買う場合 円安になると利益が出る

1ドルを１００円で買ったあと、為替レートが1ドル１２０円になったときに買ったドルを売ると、１２０円が戻ってきます。もともと１００円で買ったものが１２０円になったわけですから20円の儲けになります。このように「ドル／円買い」の場合、表示されているレートが上

FXは2国間のお金とお金の交換

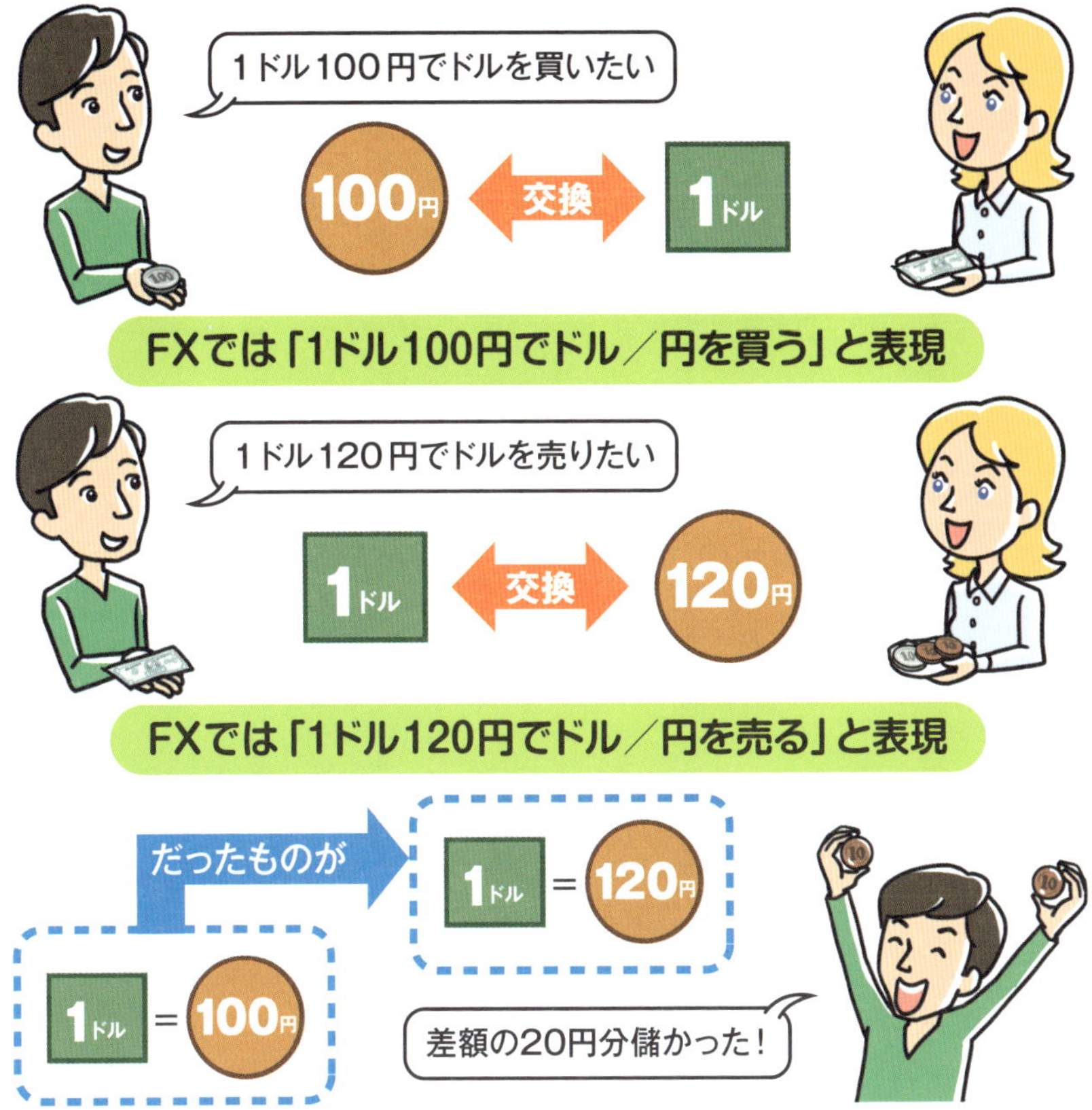
1ドル100円でドルを買いたい
100円
交換
1ドル
FXでは「1ドル100円でドル／円を買う」と表現
1ドル120円でドルを売りたい
1ドル
交換
120円
FXでは「1ドル120円でドル／円を売る」と表現
1ドル
=
100円
だったものが
1ドル
=
120円
差額の20円分儲かった！

昇すれば儲かり、逆に下落すれば損をすることになります。

セミナー参加者からはよく、「ドルを買った場合、円安、円高、どっちになると儲かるのか？」という質問を受けます。答えは日本円の価値が米ドルに対して安くなる「円安」ですが、それは「米ドル／円」のレートが上昇したときです。

つまり、「円高は米ドル／円が下がること」「円安は米ドル／円が上がること」と、高い／安いの表現が真逆になっており、初心者を戸惑わせる原因になっています。ＦＸでは「米ドル／円」の上昇／下落で考えたほうが取引しやすいので、「円高・円安」という言葉はいったん忘れたほうがいいかもしれません。

Lesson

1-2 ＦＸはほぼ24時間いつでも取引できる

株や債券といった金融商品には物理的な「**取引所**」があり、その取引所内で、決められた時間内だけ売り買いされるのが普通です。

それに対して、ＦＸには決まった取引所というものがなく、世界の主要な金融機関同士が取引所を通さずに、一対一で取引を行っています。

「取引所がない」というと不安に感じる方もいるかもしれません。しかし、網の目のように張り巡らされた世界中の銀行間ネットワークを通じて取引されるため、コンピューターのシステムダウンや取引所の封鎖なども無縁です。

ＦＸの取引総額は1日で５００兆円を超えています。日々の取引総額が2～4兆円の東京株式市場などと比べても、その取引額は膨大で、まさに世界中の投資家が集う巨大市場なのです。

取引は地球の時差に合わせて、東京からロンドン、ロンドンからニューヨークと、世界各地の銀行を通じて1日中行われています。取引時間は、日本時間の月曜日早朝から土曜日早朝まで。毎日、ＦＸ会社が取引の清算やシステム点検を行う早朝の数分間を除いて、ほぼ24時間いつでも取引できます。

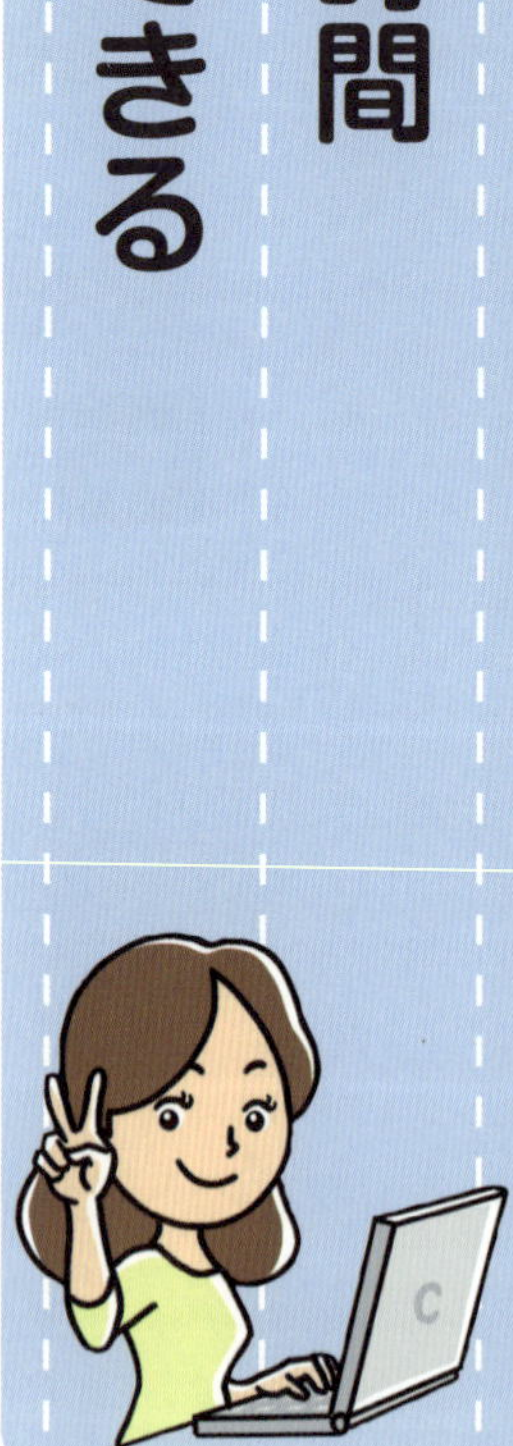

ライフスタイルに合わせて取引時間を選べる

日中は忙しいサラリーマンやＯＬの方々は帰宅後にひと息ついたあと、夜間のロンドン市場やニューヨーク市場でトレード。逆に昼間に時間がとれる主婦の方々は家事の合間に日中の東京市場で取引するなど、人それぞれ、さまざまなライフスタイルに合わせた取引を自由に行えるのがＦＸの大きな魅力なのです。

ライフスタイルに合わせた取引ができる！

取引できる通貨も自由自在

取引スタイルも自由自在

- スキャルピングトレード
- デイトレード
- スイングトレード
- 長期投資

佐藤正和
直伝
ポイント

デイトレードから長期投資まで投資の時間軸も自由自在

FX市場ではほぼ24時間、膨大な金額の取引が頻繁に行われているため、値動きも豊富でデイトレードなど短期売買でも利益を上げるチャンスが満載です。むろん、数年間にわたる長期投資も自由自在。世界一、自由な市場を自分流にカスタマイズできます。

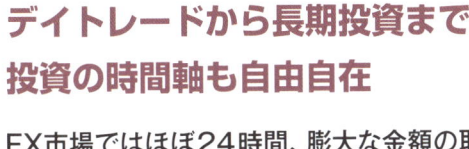

Lesson

1-3 買いからも売りからもスタートできて円安・円高の両方で儲けられる

株の現物取引や外貨預金の場合、買いの取引しかできないため、投資対象の価格が上昇しない限り、儲かりません。たとえば、米ドル／円が120円のときに外貨預金した場合、その後、1ドル100円まで下落して円高が進むと、評価損を抱えてしまいます。現物取引や外貨預金は為替レートが円安に進まないと利益を上げづらいのです。

為替レートは上がるときもあれば、下がるときもあるもの。為替レートが上昇しているときしか儲からないと、利益の約半分はみすみす逃してしまうことになります。

FXの大きな魅力のひとつは、「**証拠金取引**」という制度上、外貨を買う取引だけでなく、手元にない外貨を売る取引もできる点にあります。外貨を売る取引をすれば、外貨が下落して円高が進んでいるときにも利益を上げるチャンスがあります。

円高なら外貨売り 円安なら外貨買いで利益

このように、FXは円安が続いて外貨が値上がりする局面だけでなく、円高が続いて外貨が値下がりする下落相場でも、買いと売りをうまく使い分ければ利益を上げ続けることができます。

たとえば、1ドル120円のときに、今後、米ドル／円が下がると予想して、米ドルを売り日本円を買ったとしましょう。その後、1ドルが100円まで下落すると、120円で売った米ドルを100円で買い戻せるため、差額の20円が儲けになります。外貨の買いと外貨の売りでは、利益と損失が180度正反対になることを、感覚的に理解できるようになりましょう。

買いでも売りでも儲かるFX

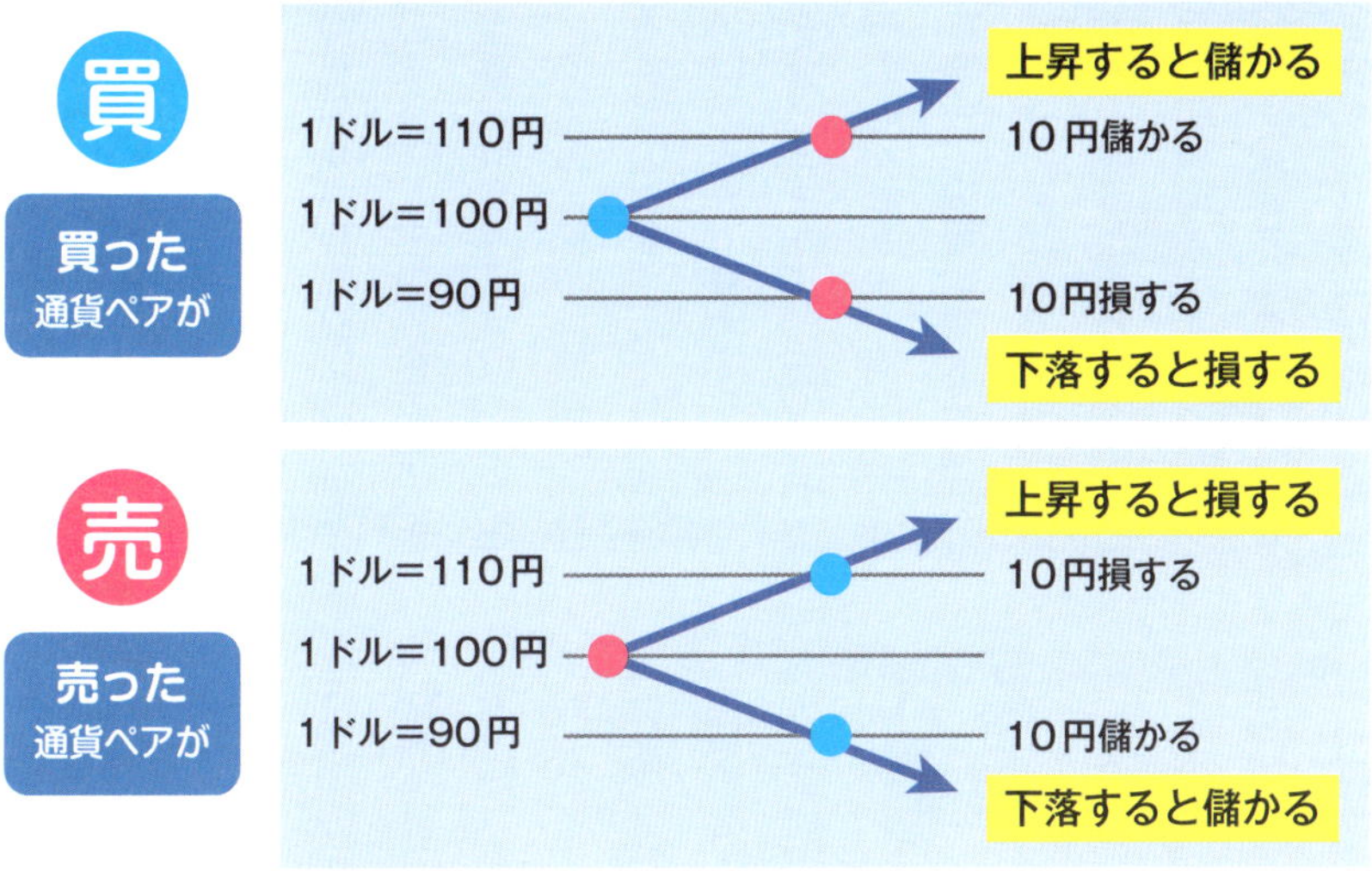

■買いと売りを駆使すればどんな値動きでも儲かる

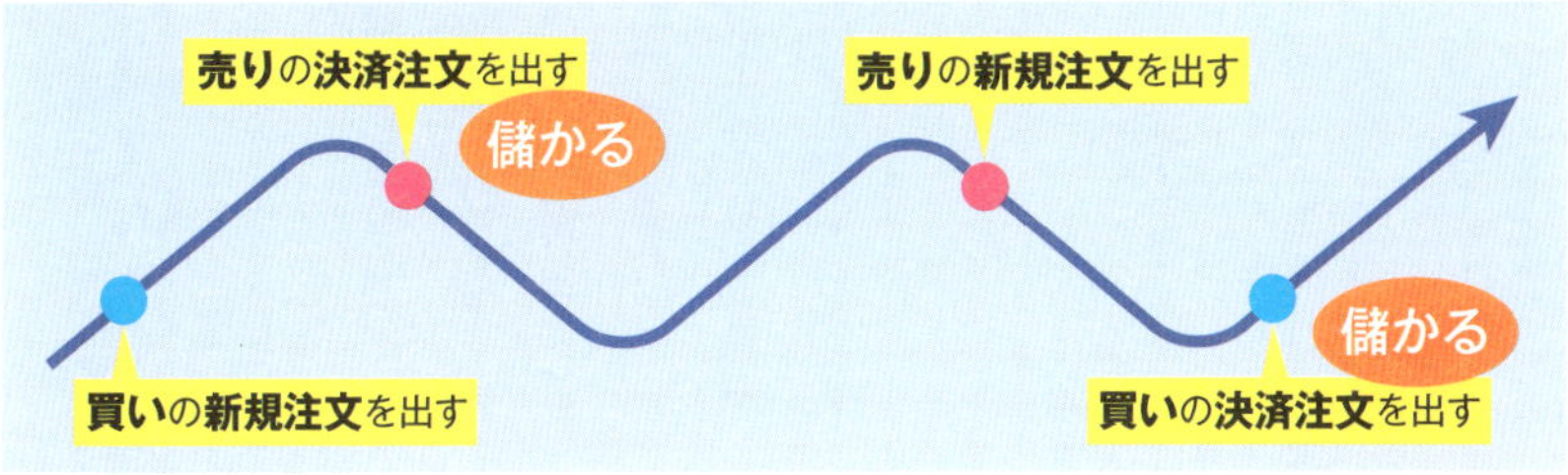

佐藤正和直伝ポイント

初心者には抵抗のある売り取引を覚えることがFX成功の秘訣

初心者の方は「FX＝外貨投資」と考えている人が多く、保有してもいない外貨を売る取引をためらう傾向が顕著です。しかし、円高をチャンスに変える外貨売りはFX上達の秘訣。ほかの外貨建て資産の損失拡大を防ぐ「資産防衛」の観点からも有効です。

Lesson

1-4 少額で大きな投資金額を動かせる「レバレッジ」の仕組みを知ろう

ＦＸ特有の**レバレッジ**には、てこの原理のように、少額資金でも大きな投資金額を動かせるメリットがあります。その最大倍率は法律で25倍と決められています。ただし、25倍というのはあくまで最大です。

たとえば、元手10万円で１ドル１００円の時、米ドル/円を２万通貨買った場合、投資総額は２００万円。レバレッジは20倍です。１ドルが１０１円になると２万円の利益となり元手は20%増えます。

逆に99円になると２万円の損失となり、元手は８万円になります。８万円の元手に対して２００万円の投資総額ですから、この時点でレバレッジは最大の25倍に到達してしまい、あと１銭でも円高が進むと、レバレッジが25倍以上になり、追加の証拠金を入金しないと強制決済されてしまいます。

20倍超は論外 最大でも10倍に抑える

このように、レバレッジが問題になるのは、取引に失敗して証拠金が目減りしているときです。レバレッジが高すぎると、予想外の値動きに対処できなくなります。当初は安全と思っていても、為替変動次第で倍率が急上昇し、危険水域に達するのがレバレッジの怖さなのです。

そのため、セミナーでは「レバレッジ20倍以上など論外。通常は３～５倍が適当で、最大でも10倍程度で」とレクチャーしています。むろん、レバレッジは取引の最初に決めるものではなく、取引の損益状況に応じて変化するものです。だからこそ、十分な元手を用意したうえで、あまり無謀な取引をしないことが大切なのです。

両刃の剣・レバレッジを使いこなす

■FXでは元手（自己資金）の最大25倍まで投資可能

10万円なら最大250万円を動かせそうだが…

〈たとえば元手10万円で1ドル100円のとき2万通貨買った場合〉

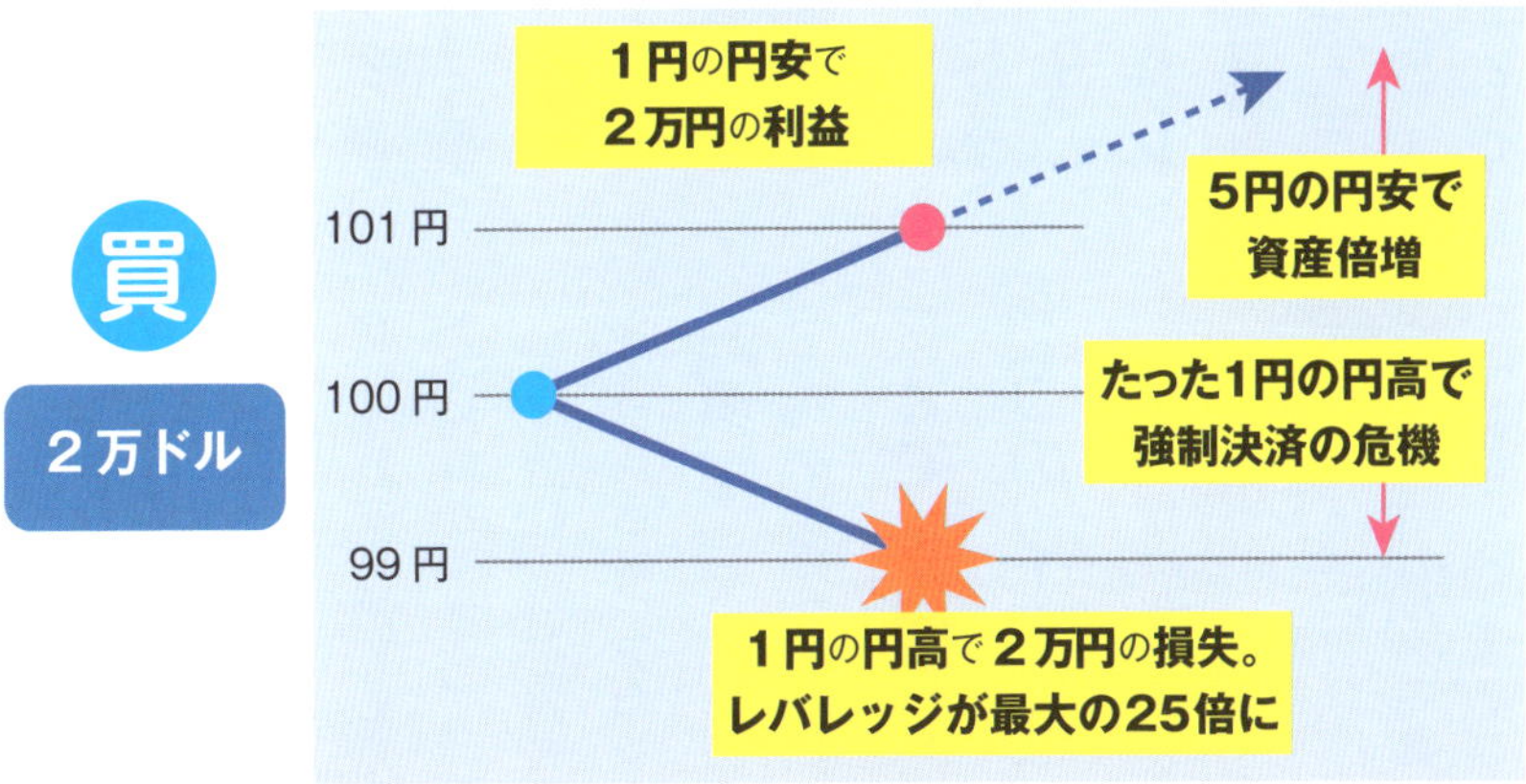

上の図のようにドル／円（1ドル＝100円）を2万通貨買い、1円下落したときのレバレッジと4円下落した時のレバレッジを、証拠金10万円と20万円の場合で比較。

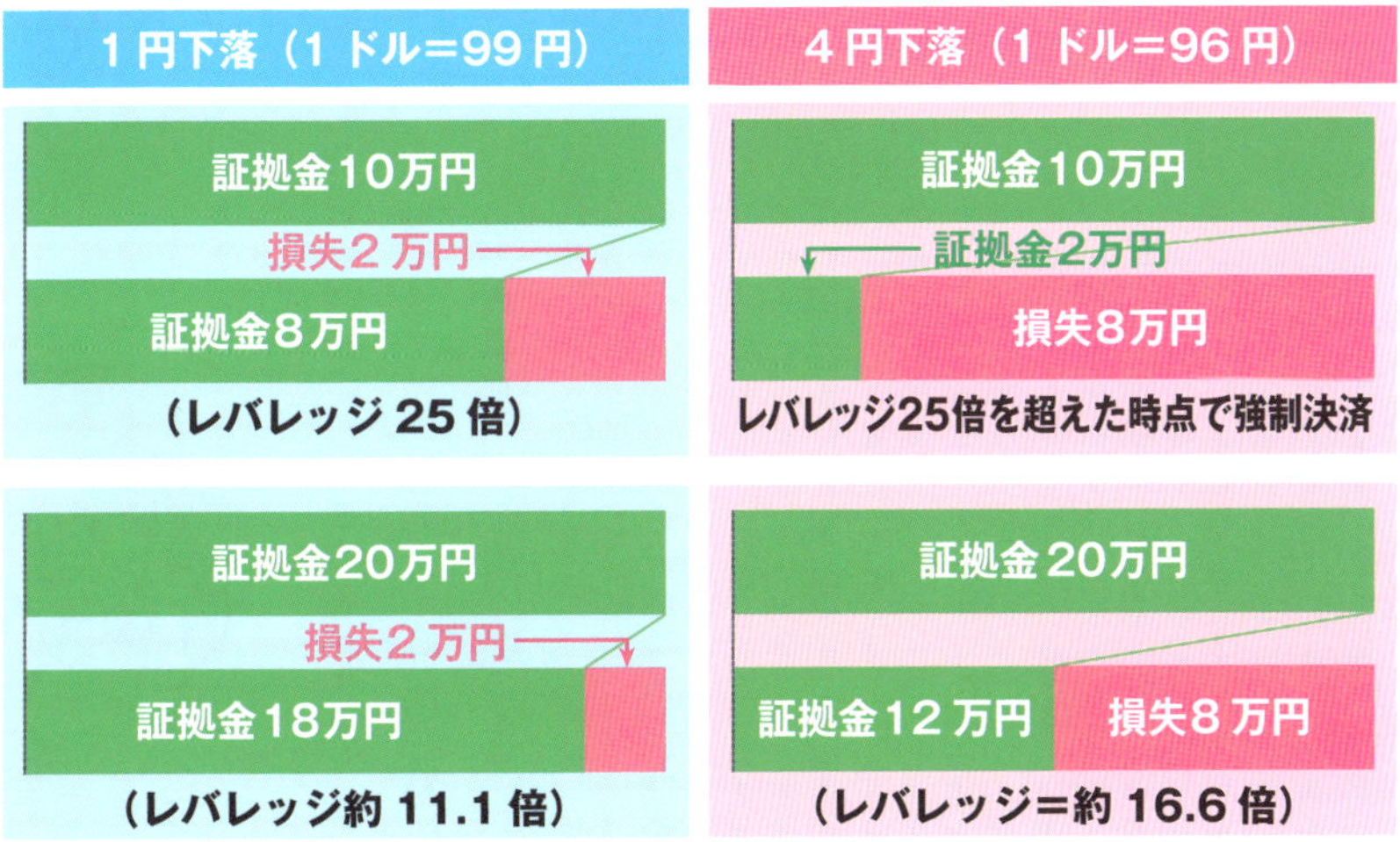

1-5 FXの売買コストは外貨預金より断然安い

外貨預金の場合、メガバンクなどでは、米ドル預金で片道1円、往復で2円もの為替手数料が徴収されます。オーストラリア（豪）ドル預金など、米ドル以外の外貨預金では、手数料が2～3円と非常に高額になるのが一般的です。

それに対して、FXの売買にかかるコストには、取引する際の買値と売値のわずかな価格差の、「**スプレッド**」があります。その金額は各社の競争もあり、1銭～0・1銭程度。今、流行りの自動売買の場合、スプレッド以外の手数料が発生しますが、それを含めても驚くほど低コストで投資ができます。

FX会社の取引画面を見ると、さまざまな通貨ペアのレート表示画面に「買（ask）」「売（bid）」という2つの価格が表示されています。

FXでは「買」と「売」の2つのレートが示される

たとえば、米ドル／円の表示が、
「売（bid）110・23」
「買（ask）110・24」
のとき、「ドル／円買い」の取引レートは110円24銭になります。一方、利益確定などで売るときは「売（bid）」の欄の110円23銭でしか売れません。その差額の1銭が取引コストになるのです。

当然、スプレッドの値幅は投資家にとって収益のマイナス要因になるので、狭ければ狭いに越したことはありません。

特に為替レートの値動きが急変動しているときは、スプレッドが大きく広がる傾向が強くなるので要注意です。それは、どんなFX会社でも同じで、特にドル／円やユーロ／ドルのようなメジャー通貨ペア以外で

FXの取引コスト＝スプレッドに注意しよう！

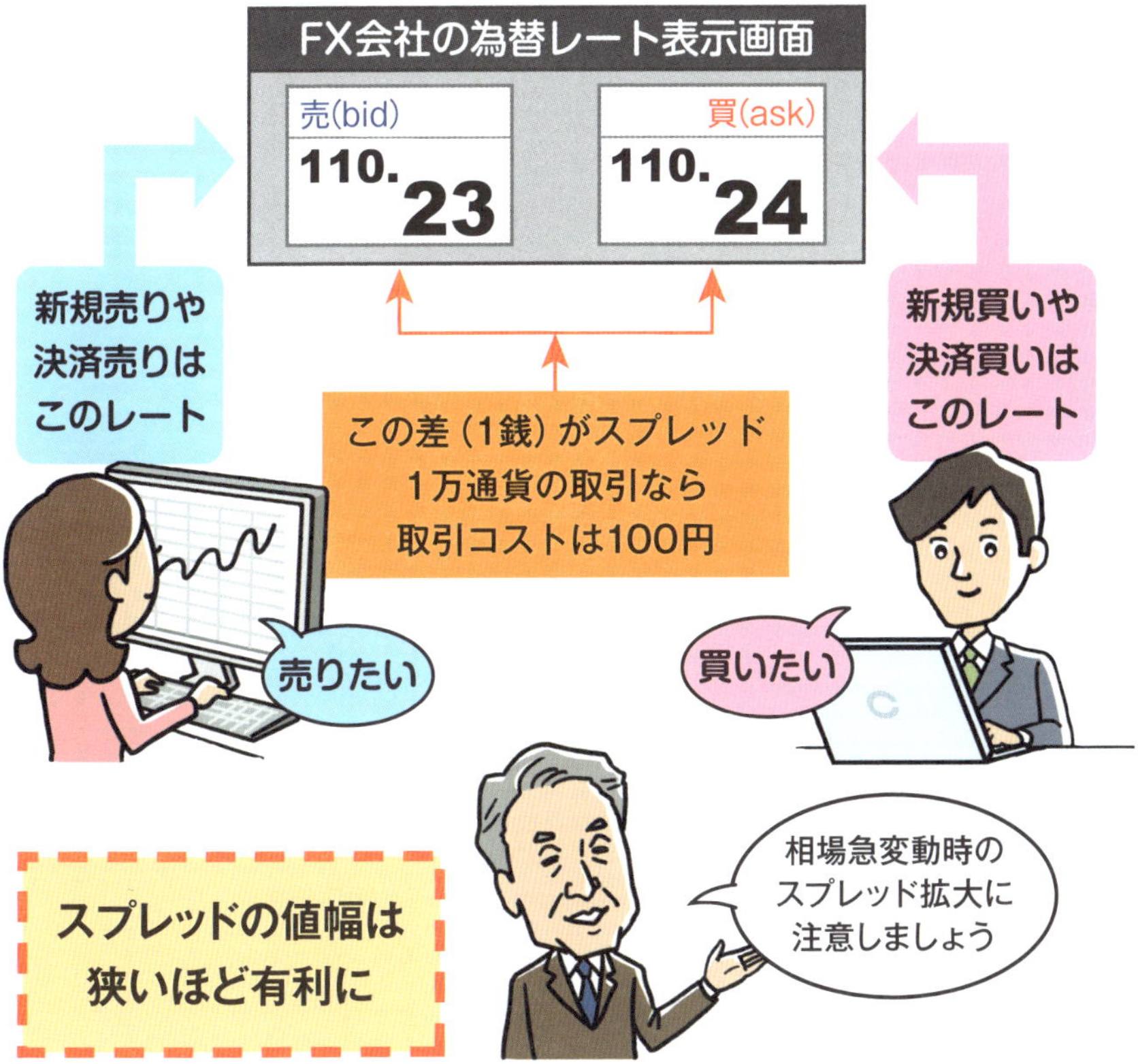
FX会社の為替レート表示画面
売(bid)
110.23
買(ask)
110.24
新規売りや
決済売りは
このレート
新規買いや
決済買いは
このレート
この差（1銭）がスプレッド
1万通貨の取引なら
取引コストは100円
売りたい
買いたい
スプレッドの値幅は
狭いほど有利に
相場急変動時の
スプレッド拡大に
注意しましょう

はより顕著です。こうした通貨では、値動きが激しいときには新規注文も決済注文も成行注文形式では成立（「約定《やくじょう》」といいます）しないこともあります。相場が大荒れになりそうだとあらかじめ予想できる場合は前もって準備しておきましょう。

スプレッド固定で約定しやすいものが◎

また、「為替レートがいくらでもいいから取引する」という「**成行（なりゆき）注文**」を選んだ場合、取引画面に表示されているレートに比べて、実際の約定レートがかなり不利なものになってしまう「**スリッページ**」（「価格が滑ること」の意味）が発生するケースもあります。

Lesson

1-6 FXは利息でもこつこつ儲けられる

初心者の中には「外貨預金だと利息がもらえるが、FXではもらえない」と勘違いされている方も、ちらほら見受けられます。FXでも、金利がしっかりもらえます。

銀行の外貨定期預金だと、満期日まで保有しないと利息がもらえませんが、FXの場合、〝毎日〟もらえます。そしてFXもレバレッジを掛けなければ為替変動によるリスクは外貨預金と変わりません。

外貨預金の利息に相当する、FXの金利収益は「**スワップポイント**」と呼ばれ、日本円など金利の低い通貨を売って、金利が高い国の通貨を買うと、通貨ペアの金利差分を収益として受け取ることができます。

スワップポイントは毎日もらえる

各通貨ペアのスワップポイントは毎日のように変わります。高金利通貨のニュージーランド（NZ）ドルに投資する「NZドル／円買い」の場合、2016年9月30日時点では1万通貨あたり1日30円です。

スワップポイントは1年365日、毎日もらえるので、NZドル／円買いポジションを1万通貨、1年間保有すると、30円×365で約1万950円の収益になります。

注意したいのは、高金利通貨を売って低金利通貨を買う取引をすると、スワップポイントがマイナスになることです。「NZドル／円」を〝売る〟取引の場合、1万通貨あたり毎日50円も負担しなくてはいけないので要注意です。

また、新興国通貨や資源国通貨など、主要国通貨以外の通貨は取引量が少ないため、値動きが荒くなる傾向があるので注意が必要です。

FXも外貨預金のように「利息」がもらえる

高金利通貨を買うと
毎日「スワップポイント」がもらえる！

NZドル／円	豪ドル／円	南アフリカ・ランド／円
買=30円	買=20円	買=50円

※2016年9月30日時点のスワップポイント　※外為オンラインの場合

たとえばNZドル／円を1万通貨買うと

毎日スワップポイント

1年で

30円 × 365日 ＝ 約1万950円

※スワップポイントは2016年9月30日時点の
外為オンラインのもので日々変動します。

高金利通貨に長期投資して
スワップポイントを稼ぐのも
1つのやり方です

佐藤正和直伝ポイント

主要国通貨は軒並み低金利でも新興国通貨は今なお高金利

主要国通貨のスワップポイントが下がる一方、新興国通貨はいまだに金利が高く、金利を狙った長期投資の対象としてその魅力は衰えていません。しかし高金利は裏返せば通貨の弱さを表しています。そうしたリスクの高さも理解した上で投資する必要があります。

Lesson

1-7 1日の取引高は500兆円以上 外国為替市場の主役たちとは？

FXの舞台である外国為替市場は1日の取引高が500兆円を超える巨大市場です。その主役は「機関投資家」と呼ばれるプロたち。資金量や情報量で個人投資家を上回る〝圧倒的強者〟といえますが、そんなプロにも2つのタイプがいます。

ひとつは、純粋に為替の値動きから利益を得ようとする〝投機筋〟たち。代表格はヘッジファンドや金融機関の為替トレーダーたちです。

その取引スタイルはとにかく頻繁に短期売買を繰り返すことです。投機筋の売買が相場を急変動させる元凶になることもありますが、彼らがいることで市場に厚みが増し、いつでも取引できる流動性が確保されている、ともいえるでしょう。

もうひとつの勢力は〝実需筋〟と呼ばれる存在で、輸出入など貿易を行う企業が中心です。外国に製品を売って儲ける輸出業者は海外で稼いだ外貨を少しでも高いレートで日本円に両替したいと考えています。逆に輸入業者は為替レートが円高に振れたほうが外国の製品を安く輸入できるので有利です。長期投資を前提に取引する世界各国の年金ファンドや国富ファンドなども実需筋に加えてもいいでしょう。

買い手と売り手のどちらが多いかに注目

為替相場の値動きは、彼らプロの投資家がさまざまな世界の経済ニュースに「どう反応するのか？」で決まります。相場を動かす直接の要因はプロの中に「買い手（需要）が多いのか売り手（供給）が多いのか」という需給関係です。FXの世界に君臨するプロたちの動向に敏感でいることが大切なのです。

為替相場の主役はプロの投資家たち

投機筋　FX自体で儲ける人々

実需筋　貿易のために為替取引

為替相場を動かす要因	経済指標　金融政策　政治情勢 景気動向　要人発言　戦争・テロ etc

このせめぎ合いで為替レートは動く

プロの反応	サプライズ　予想通り 織り込み済み　材料出尽くし

佐藤正和直伝ポイント

サプライズから織り込み済みまでプロの反応はさまざま

同じ経済指標でも、プロにとって「サプライズ（驚き）」な場合、相場は急変動しがちです。逆に「想定内」だと値動きもおだやかに。経済指標がどんなに良好でも「すでに為替レートに織り込み済み」と判断されると、相場が逆に下落するケースもあるほどです。

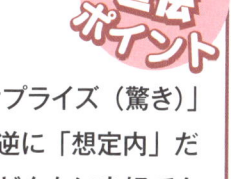

1-8

為替レートを動かす要因①
中央銀行が決める「政策金利」とは？

FXで成功するには、為替レートがどんな要因で動くのか、多少なりとも知っておくことが大切です。

為替変動の第1の要因といえるのは各国の金利動向です。

世界の国々には、その国の通貨を発行する「**中央銀行**」があります。日本では日本銀行（日銀）、米国ではFRB（連邦準備制度理事会）、ユーロ諸国ではECB（ヨーロッパ中央銀行）がそれに相当します。

各中央銀行は、それぞれの国や地域の景気や物価の動向をもとに、国内に流通する通貨の供給量を調節します。その調節手段が、民間の金融機関向けに資金を供給するときの短期的な貸し出し金利なのです。

この金利は「**政策金利**」と呼ばれ、その上げ下げが為替レートの値動きにも非常に大きな影響を与えます。

中央銀行（日米欧）の金利決定に全世界が注目

各国中央銀行が政策金利を決定する会合には、世界中の投資家の注目が集まります。中でも世界の基軸通貨・米ドルを発行する**FRB**が政策金利を決定する**FOMC（連邦公開市場委員会）**は年8回開かれ、世界中の投資家の注目の的になります。

中央銀行が政策金利を引き上げるのは、その国が好景気で経済に過熱感があり、物価が上昇傾向（インフレ）のときです。利上げされると金利収入も増え、また好景気で投資チャンスも豊富なので、その国の通貨に人気が集まり、為替レートの上昇要因になります。

経済が冷え込み、物価も下落傾向（デフレ）の国の中央銀行は政策金利を引き下げて景気を刺激しようとします。利下げやさらなる金融緩和

政策金利の高低が為替レートに影響する

政策金利とは？

各国の中央銀行が決める
民間金融機関への
貸し出し金利
通貨ペア同士のその差が
「スワップポイント」に

■一般的な政策金利と為替レートの関係

政策金利上昇傾向
その国の通貨の
魅力が増し
為替レートが
上昇しやすい

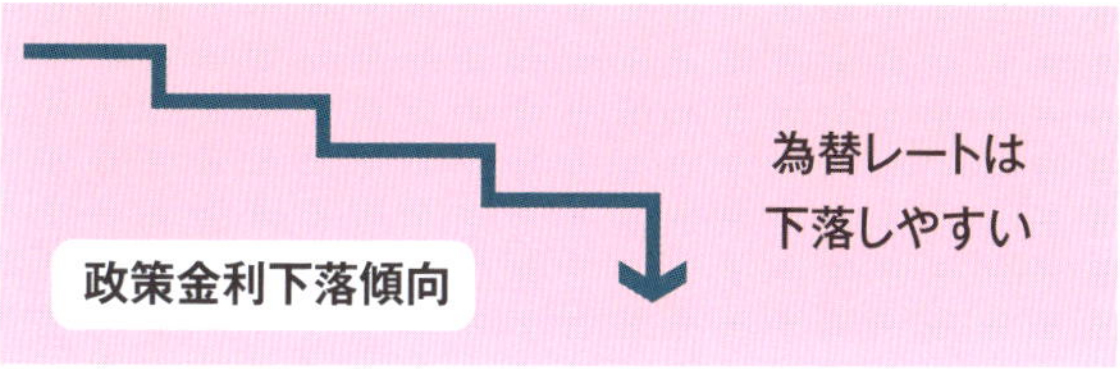
為替レートは
下落しやすい
政策金利下落傾向

例外も
あるので注意

は通貨下落の引き金になります。

利上げ＝通貨高
利下げ＝通貨安が原則

ただし、2008年秋に発生した未曾有《みぞう》の金融危機「リーマンショック」以降は、景気を刺激するため、日本だけでなく欧米各国の金利もほぼゼロに近い状況となり、「高金利＝通貨高、低金利＝通貨安」という一般的な方程式も崩れがちです。

なぜなら、高金利だと今後さらに利下げされる余地が豊富なため、将来の利下げリスクで通貨が下落することもあるからです。為替に影響を与えるのは現状の金利水準以上に、将来の金利の見通しだということは覚えておきましょう。

1-9 為替レートを動かす要因②「リスクオフ」と「リスクオン」

為替を動かす最大の要因といえるのが、各国の景気動向です。

景気がよく政策金利が上昇中の国の通貨は、その国に投資したほうがビジネスチャンスもあり、高金利が得られることもあって、人気が集まり上昇します。反対に景気が悪く、少しでもお金のめぐりをよくしようと利下げに動いている国は、投資機会も少なく、金利収入も期待できないので通貨は下落傾向になります。

景気のいい国の通貨は強くなり、不景気の国の通貨は弱くなるというのが為替変動の大原則なのです。

世界経済全体を見渡そう

ただし、最近はグローバル化の影響で、ある特定の国だけ景気がいい、という状況ではなくなり、世界全体の景気が同時によくなったり悪くなったりする傾向が強まっています。

そのため、何か世界経済全体にとって悪いことが発生すると、世界中のハイリスクな資産が叩き売られ、安全でローリスクな資産に世界中の資金が大量流入する傾向が顕著になっています。これを「リスクオフ」といい、その際、買われる安全資産には日本円やスイスフラン、米国ドル、金（ゴールド）などがあります。

世界経済の見通しが良好なときは、株や原油などの商品、高金利通貨や新興国通貨などハイリスクな金融商品が買われます。これを「リスクオン」と呼びますが、日本円は下落し円安が進む傾向が強くなります。

つまり、日本の景気がいいか悪いかよりも、世界経済全体を見渡したうえで、「いまはリスクオンなのか、リスクオフなのか？」に注意を払うべきなのです。

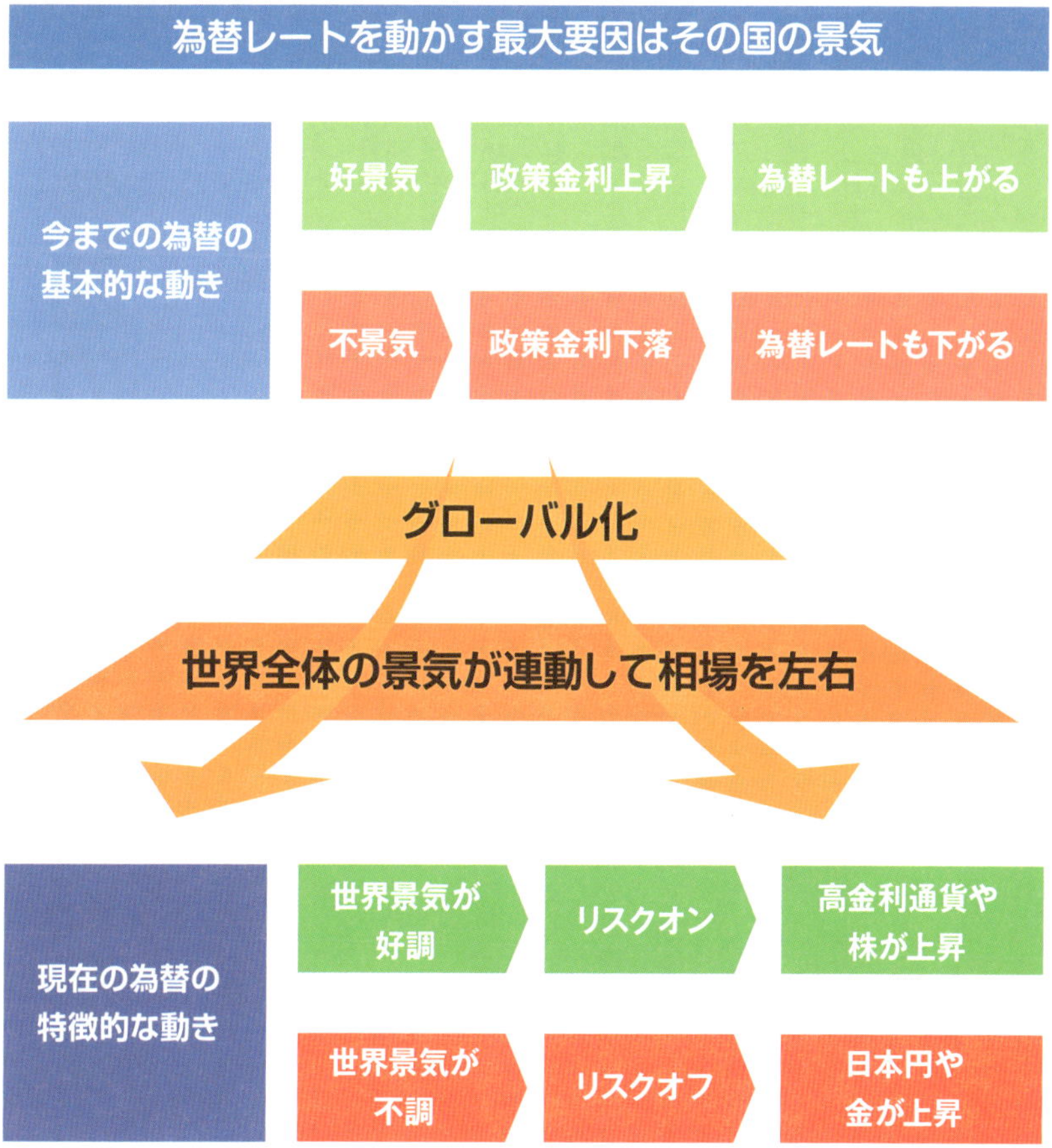

佐藤正和直伝ポイント

景気をよくしようと自国通貨を安くして、通貨安戦争に!?

「自国の通貨安が進むと輸出が伸びて好景気になる」という傾向も重要です。リーマンショック以降、日米欧の中央銀行は世の中に大量のお金をばら撒く「量的金融緩和」を行い、自国の通貨安を目指しており、一種の「通貨安戦争」が起こっています。

Lesson

1-10

為替レートを動かす要因③ 各国の経済指標は要チェック！

毎日のように発表され、為替レートを動かす要因となる「**経済指標**」には、各国の経済規模を示した**GDP（国内総生産）**をはじめ、さまざまなものがあります。国の経済活動は、大きくわけると、個人（家計）の消費活動、企業の生産・投資活動、公共投資など国の財政支出の3部門から構成されています。

経済指標の中でも最も影響力が強いのはGDPが世界1位の米国指標です。最近は中国経済も注目の的となっていて、悪いニュースが出ると、中国に資源を輸出する国や、新興国の通貨が下落する傾向があります。

経済指標の王様は米国雇用統計

ここ10年間の最重要指標といえば「**米国雇用統計**」です。米国の失業率や新規雇用者数の改善が続けば、米国経済の本格的な回復に期待でき、米国中央銀行FRBも利上げしやすくなるからです。

そのため、毎月第1金曜日（変わる場合もある）の日本時間午後10時30分（夏時間では9時30分）の発表後は為替レートが変動しがちです。

ただ、リーマンショック前の2000年代前半は米国を中心に空前の好景気が続いたため、FX市場で最も注目された経済指標といえば、**消費者物価指数**や**小売売上高**など、個人消費の過熱感を示すものでした。個人消費が過熱しすぎると、FRBが利上げに走るという思惑から、ドル高円安が進みました。

このように、市場が注目する経済指標やテーマはその時によって大きく変化します。「今、どんなテーマが流行っているのか？」にはなるべく興味を持つようにしましょう。

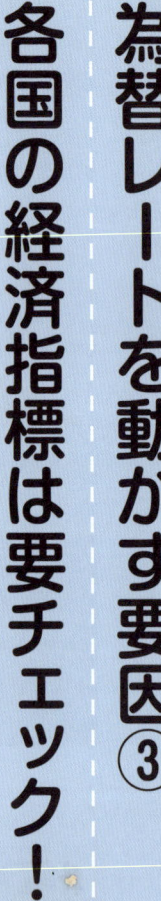

為替レートを直接動かすのは経済指標

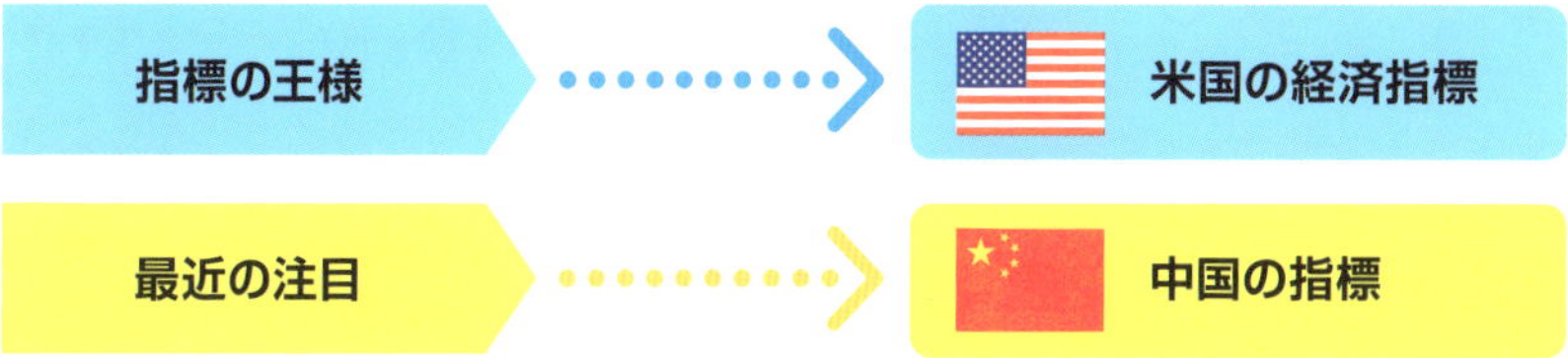

■経済指標にはどんなものがある？

王様は	企業活動によるもの	個人活動によるもの
 GDP（国内総生産）	雇用統計 鉱工業生産 PMI（購買担当者指数） etc.	消費者物価指数 小売売上高 消費者信頼感指数 etc.

佐藤正和直伝ポイント

勝手な判断は禁物
指標よりも重要なのは値動き

個人投資家の中には「この指標がこうなったら為替相場はこう動く」と独断してしまう人もいますが、頭でっかちになっても勝てません。あまり難しく考えず、流行りの経済指標の発表とその結果、どんな値動きが生まれたかをチェックするだけで十分です。

ドル／円の値動きを知りたいなら

米国雇用統計

米国労働省が毎月第1金曜日午後10時半に発表。平均時給や週間労働時間など前月の雇用状況を示す10数項目の数字が発表される。

失業率

リーマンショック後の２００９年10月には10％に到達。最近は完全雇用に近い4％台半ば。労働する意志のない人は失業者に含まれない。

非農業部門新規雇用者数（ＮＦＰ）

前月に非農業部門の新規労働者がどれだけ増えたかを示す米国の統計。全国事業所の給与支払い帳簿をもとに算出。20万人超が続くと景気回復と判断。

米国ＧＤＰ

米国内で生み出された付加価値の合計。1・4・7・10月後半に四半期ごとの速報値が発表される。伸び率が2期連続マイナスだと景気後退傾向。

消費者物価指数（ＣＰＩ）

米国ＧＤＰの7割を占める個人消費者向け最終製品・サービスの価格を指数化したもので毎月15日前後に発表。中でも「コア指数」が重要。

小売売上高

米国経済を牽引する個人消費の動向がわかる指標。好景気やインフレだと上昇。経済の過熱感・冷え込みを見るのに最適。毎月第2週に発表。

消費者信頼感指数

米国民の消費者マインドを指標化したもので民間調査機関コンファレンスボードが算出。毎月25日以降に発表。景気先行指数として重要。

ＩＳＭ製造業景況指数

ＩＳＭ（全米供給管理協会）が全国製造業者から景況感を聞いて指数化。ＰＭＩ（購買担当者指数）の一種。50が好況・不況の分水嶺に。

鉱工業生産指数

米国の鉱工業部門の生産活動を指標化したもので毎月15日前後に発表。4ヵ月に1度のＧＤＰより頻度が多く、速報性が高い。

円高か円安かの判断材料

ＧＤＰ

国内の経済活動で生まれた付加価値の合計。四半期ごとに速報値を発表。名目ＧＤＰと実質ＧＤＰがある。

消費者物価指数（ＣＰＩ）

全国消費者が購入する商品、サービスの価格を指数化。インフレ／デフレの目安に。価格変動の激しい生鮮食品を除いたコアＣＰＩもある。

日銀短観

「全国企業短期経済観測調査」といい、日銀が全国1万社の企業に景況感を聞き取り調査。その結果を指数化した「ＤＩ」が発表される。

主要国の政策金利

連邦公開市場委員会

米国の政策金利の利上げ・利下げなど金融政策を決定する会合で、米国の中央銀行ＦＲＢが年8回開催。日本時間深夜4時15分頃に結果発表。

欧州中銀政策理事会

ユーロ圏の統一的金融政策を決める欧州中央銀行（ＥＣＢ）が開催。約1カ月ごとに政策金利を決定する会合がある。午後9時45分頃発表。

日銀金融政策決定会合

日本銀行が年8回おこなう政策金利などを決定する会合。開催後、午後0時～午後1時頃に結果が発表され、円相場に多大な影響を与える。

中国経済の判断材料

人民元レート

人民元には中国人民銀行が管理するオンショア取引と自由な海外オフショア取引がある。人民元切り下げなどは、世界経済の波乱要素。

中国製造業ＰＭＩ

中国の製造業購買担当者の景況感を指数化したもので、50以上なら景気拡大、以下なら縮小と判断。民間と政府がそれぞれ発表している。

貿易統計

中国税関が発表する中国の貿易総額、輸出額、輸入額などの統計。海外への輸出で経済発展してきた中国経済の過熱感や停滞を予測できる重要指標。

Lesson 1-11

プロの作った流れに乗る！FXの鉄則は「コバンザメ」

外国為替市場のメインプレイヤーはプロの投資家たちです。個人投資家をはるかに上回る資金量と情報量や超高速売買が可能なツールを駆使して市場を支配しています。

プロの投資家はよく〝クジラ〟にたとえられます。FX市場という大海原には巨大なクジラが何頭も回遊し、買い手と売り手にわかれ、激しい戦いを繰り広げているのです。

そんなクジラに真っ向から立ち向かって勝てるわけがありません。大きなクジラたちが作る大きな流れに逆らわず、〝コバンザメ〟のように便乗するのがFXの鉄則です。

にもかかわらず、セミナー参加者の方々の中には「経済指標がこうだから絶対に為替レートもこうならないとおかしい」といって、流れに真っ向から歯向かうような取引をする人もいます。特に男性投資家に多いのですが、自分独自の必勝法や投資理論にこだわり過ぎると大失敗のもとになります。

「今の相場の動きは間違っている。自分のほうが正しい」と思っていては、巨大なクジラたちが牛耳る為替相場で勝つことはできません。自分が圧倒的な弱者であることを認めてしまったほうがいいのです。

プロの戦いを観察して勝ち馬に乗る

「まともに戦っても勝てない」というのは、絶対に勝てないという意味ではありません。**相場分析に理屈や感情は持ち込まず、まずは完全な傍観者に徹して、プロたちの戦いを観察しましょう。そして、勝者がどちらかわかったら〝長いものに巻かれろ〟〝勝ち馬に乗れ〟の精神で、その動きに徹底して便乗しましょう。**

圧倒的弱者の個人投資家がプロに勝つ極意

**個人投資家は
プロの機関投資家より**

取引環境
情報量
資金量

これらの点で不利

しかし！

次の4つを守ればプロに勝てる！

相場の流れ（トレンド）に逆らわない
▶長いものに巻かれろ!

リスクが高いときは取引しない
▶時には傍観者に

勝ち組のプロについていく
▶コバンザメ投資法

超短期売買より中長期投資
▶果報は寝て待て

佐藤正和 直伝 ポイント

取引しなくてもクビにならない個人は「休むも相場」で勝てる

プロは毎日取引するのが仕事ですが、個人投資家は「休むも相場」で様子見に徹していても問題はありません。短期売買でプロに勝つのはなかなか難しいですが、情報量であまり差がつかない中長期投資なら個人投資家にも勝機は十二分にあります。

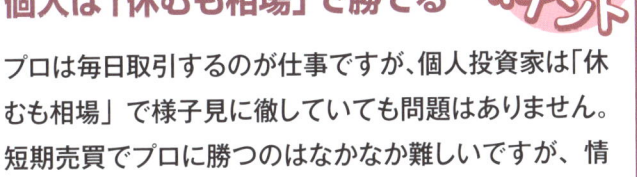

主要国通貨の独特な値動きに注意！

FXの主要通貨には各国の経済や政治事情により、独特な値動きグセがあります。たとえば日本円は、世界的な金融危機や景気悪化などに市場の注目が集まり「リスクオフ」が進むと買われやすい通貨です。

日本円が究極の安全・逃避資産である理由は、日本が世界最大の債権国である点や、デフレで物価下落が進んでいるため、相対的にお金の価値が上がっているからです。そんなデフレから脱却するため、日銀は大規模な金融緩和を行って金利を下げ、円安誘導を図っていますが、その効果にもかげりが見えています。。

世界的好景気で円安が進む理由とは？

反対に円安が進むのは、米国や中国などが牽引役となり世界経済が順調に成長を続けているときです。こういうときは、低金利の日本円で資金調達して高金利の外貨に投資する「キャリートレード」という取引が盛んになるので、豪ドルやNZドル、新興国通貨など高金利外貨を買って儲けるチャンスです。

世界の基軸通貨といわれる米ドルは米国内の景気に素直に反応し、景気がよくなればドル高、悪くなればドル安が進みます。また、「有事のドル」という言葉があるように、世界で戦争やテロ、紛争などが起こると日本円同様、買われやすくなります。

世界第2の通貨・ユーロは、ユーロ経由で南米や中東、東欧などに投資が行われていることもあり、日本円とは逆にリスクオフで売られ、リスクオンで買われやすくなります。

なお各通貨ペアは、日本円なら「JPY」のような3文字の略号になりますので、慣れておきましょう。

通貨ごとの値動きグセに注目しよう！

■通貨には値動きグセがある

	**日本円（JPY）** 日本は世界一の債権国、デフレ、超低金利	▶金融不安、世界的不景気などリスクオフで **円高** ▶好景気、金融緩和などリスクオンで **円安**
	**米ドル（USD）** 米国はGDP世界一で世界経済のけん引役	▶米国好景気、金利引き上げ、戦争など有事発生で **ドル高** ▶米国不景気、金利引き下げで、**ドル安**
	**ユーロ（EUR）** アラブ諸国など世界中からマネーが集合	▶世界が好景気なら **ユーロ高** ▶不景気やEU諸国の危機、戦争・テロ、利下げで **ユーロ安**
	**ポンド（GBP）** ブレグジット後のユーロとの経済関係に注目が集まる	▶世界が好景気、金融機関が好業績ならユーロ以上に **ポンド高** ▶世界が不景気、ブレグジット問題再燃なら **ポンド安**
	**豪ドル（AUD）** 資源国で中国経済の影響大	▶中国経済低迷で **豪ドル安** 好調なら **豪ドル高** ▶原油、鉄鉱石など資源価格との連動性大。資源価格が上昇すれば **豪ドル高**
	**ニュージーランドドル（NZD）** 通貨名が通称キウイとも呼ばれる酪農大国。輸出先経済の影響大	▶豪ドル同様に資源国通貨であり、中国経済の影響については同じ。 ▶月2回の乳製品入札結果で価格が上がれば **キウイ高** 下がれば **キウイ安**

Lesson

1-13 FXにも季節がある！プロ投資家の傾向をチェック！

1年を通じて取引されるＦＸですが、主に海外のプロの投資家たちの事情が影響して、1月から12月までの値動きには、傾向や特徴があります。海外の機関投資家の多くは12月末、ヘッジファンドは11月末が決算期にあたり、それまでの成績でボーナス額などが決まるからです。

1月は、スタートダッシュで稼ぎたいプロたちの取引で値動きも非常に激しくなりがちです。多くの場合は前年までの相場の方向性が継続し、ときに大きく加速します。3月は1～2月に出た相場の流れが継続しやすい時期です。

4月に発生した値動きがメイントレンドに

1～3月はお互い手の内を探り合う前哨戦の時期ですが、4月以降はその年の利益を確保するため本格的に動き出します。4～5月に出た方向性が1年のメイントレンドになるケースも多いので、徹底した順張りで流れに乗りましょう。

6月は4～5月の大きな動きに対するゆり戻しが起こりがちです。7月は夏休み前に稼いでおきたいプロの事情もあり、値動きが激しくなります。8月は長い夏休みをとるプロが多いため、相場は膠着状態に。

9月に入ると、プロも期末を意識して利益確定に走りがちなので、これまでとは反対方向の、かなり大きな値動きが生まれることが多くなります。10～11月は翌年に向けて新しいトレンドが次第に生まれてくる時期でもあり、成績不振のプロが一発逆転を狙って大きな取引をしてくるので相場が荒れ模様になりがち。ただ、そうした傾向も12月のクリスマスに向けて収束していきます。

FXにも春夏秋冬の四季がある

FXの1年

10~12月

10～11月はプロが最後の
一稼ぎを狙って相場が乱高下
12月に入ってからは
次第に小動きに

1~3月

1～2月は前年のトレンド継続
（もしくは反転）で比較的
大きく動く
3月もその流れが続く

11　10　1

**大きな値動きが
起こりやすいのは
1月、4～5月、
9月～11月**

9　4　5

7~9月

7月はトレンドが継続
8月はバケーションで小休止
9月はこれまでのトレンドが
反転しやすい

4~6月

4～5月からその年の
大きなトレンドが生まれて
相場が急変動しやすい
6月はその反動が起きやすい

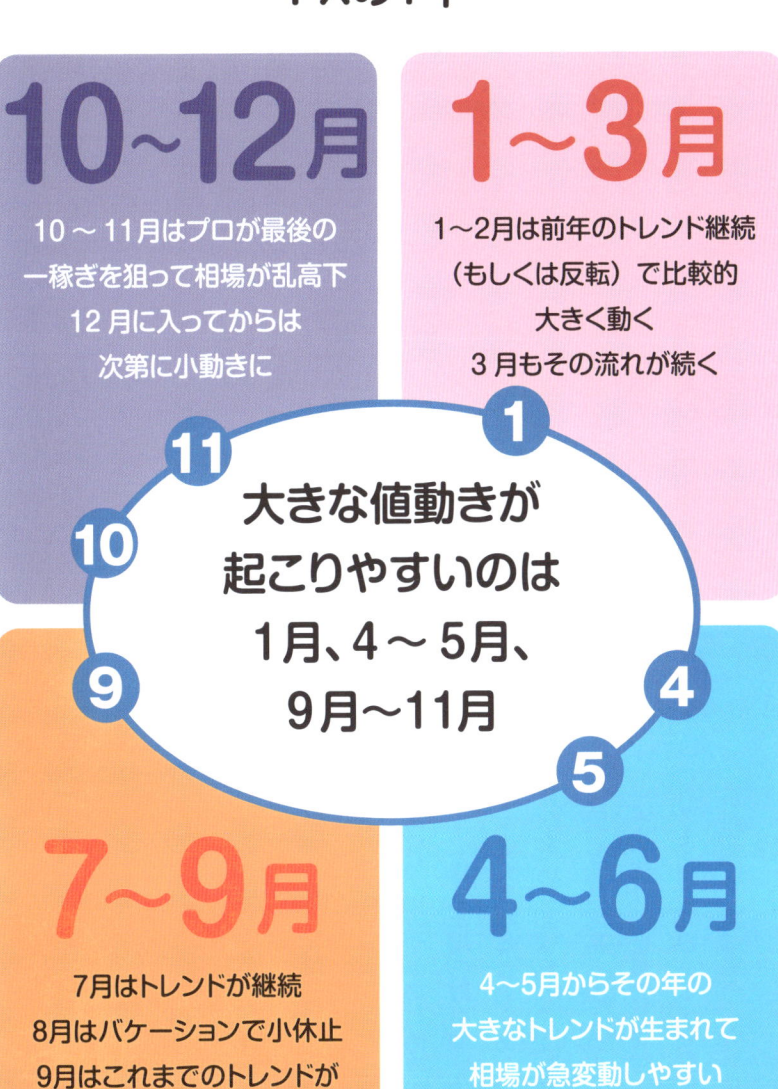

Lesson

1-14

24時間眠らない？ ＦＸ市場の時間帯ごとの特徴を押さえよう！

ＦＸは時間帯によっても特徴的な値動きグセがあります。1日の為替市場は午前5～6時（日本時間、以下同）にNZのウェリントン市場で始まります。月曜日の朝には値動きが荒くなることもあります。

取引に厚みが増すのは東京市場が始まってから。午前9時前には日本国内の各種経済指標が発表され、午前9時からは株式市場もオープンします。為替と日本株は「円高株安」「円安株高」という相関性で動く傾向が非常に強くなっています。午前9時55分はその日の外貨預金などの交換レートとなる「東京仲値」が決まる時間帯で、実需派の機関投資家の動きで相場が乱高下しがちです。

短期売買の稼ぎ時は午後9時～深夜0時

世界一の取引高を誇るロンドン市場が始まる午後5時頃（冬時間の場合、以下同）からは激しい値動きが生まれます。上なら上、下なら下と一定方向のトレンドが数時間続くこともあり、その流れに乗って順張りで儲けるチャンスです。

午後9時頃にはロンドン市場に加えてニューヨーク市場もオープンし、ＦＸの取引高は1日の中でも最高潮に達します。夕方のトレンドが継続する場合もあれば、午後10時半と午前0時頃に発表されるものが多い米国の経済指標や午後11時半のニューヨーク株式市場の取引開始で、流れが大きく変わることもあり、相場の変動率が高まります。短期売買に最も適した時間帯といえるでしょう。

そのほか、企業の為替決済が行われる5日や10日（「ごとおび」）や月末月初は、実需筋の売買で相場変動が大きくなることもあります。

FXは24時間眠らない市場

日本時間
24
6
12
18
夜（19時～22時）
欧米で発表される経済指標や株価によって相場が大きく動く
深夜（22時～翌日2時）
ニューヨーク株式市場の取引開始にともなって、相場に大きなトレンドが生まれる場合も
夕方（16時～19時）
1日の取引高が最大のロンドン市場が開くと、値動きがいきなり活発に
深夜～早朝（2時～7時）
FOMCなど金融・経済関連のイベントがない場合はおだやかな値動きに終始
朝～夕方（7時～16時）
取引が少なく相場の動きも比較的おだやか。

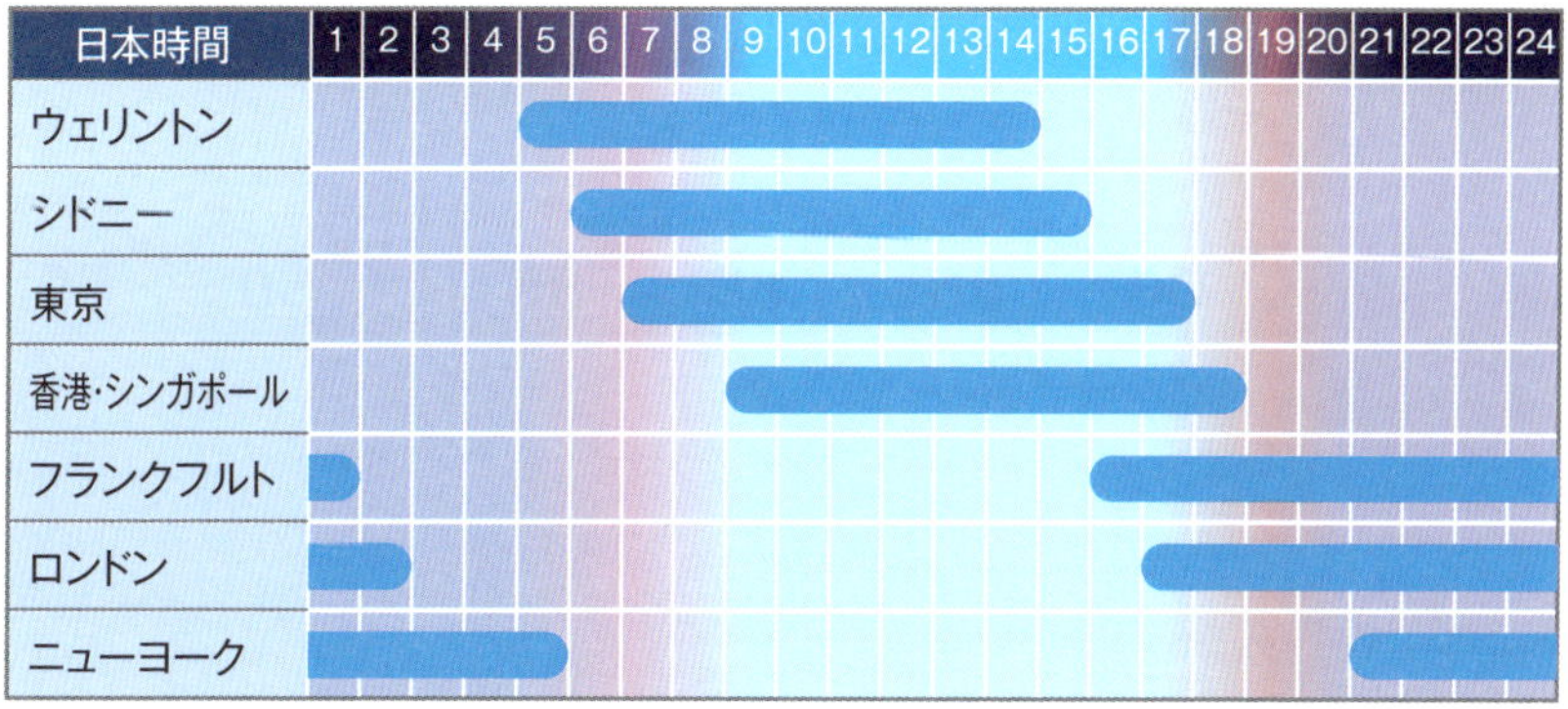
日本時間
1 2 3 4 5 6 7 8 9 10 11 12 13 14 15 16 17 18 19 20 21 22 23 24
ウェリントン
シドニー
東京
香港･シンガポール
フランクフルト
ロンドン
ニューヨーク

※アメリカやヨーロッパでは毎年3月～11月末にかけて1時間時刻を早めるサマータイム制を導入している

ドリル 1

FXの基本はマスターできたかな？

問 1

1ドル100円で米ドル／円を買いました。その後、レートがA、Bになった場合、円安ですか円高ですか？　また儲かっていますか、損していますか？

（A）1 ドル 80 円になったとき

（B）1 ドル 120 円になったとき

問 2

1ドル110円で米ドル／円を1万通貨売りました。その後、A～Cのレートになったとき、いくら儲かっている／損しているでしょうか？

（A）1 ドル 90 円になったとき

（B）1 ドル 100 円になったとき

（C） 1 ドル 120 円のとき

問 3

図の表示のときに米ドル／円を 1 万通貨買いました。その後、A～Cのレートで売った場合、それぞれいくら儲かった／損したでしょうか？

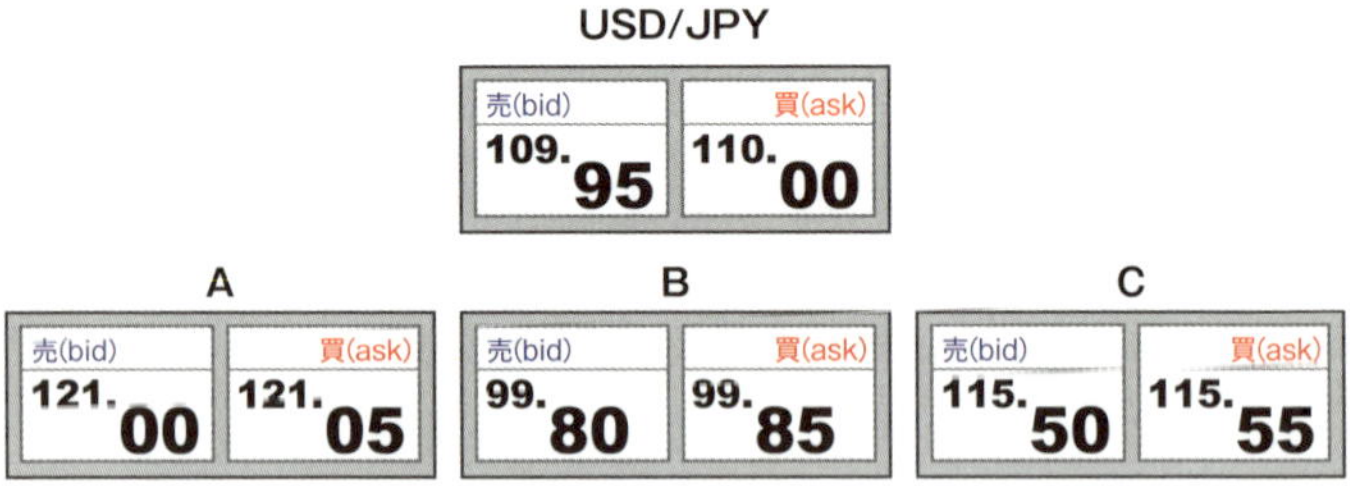

問4

図は米ドル／円の値動きです。A～Cのような取引をした場合、儲かりましたか損しましたか?

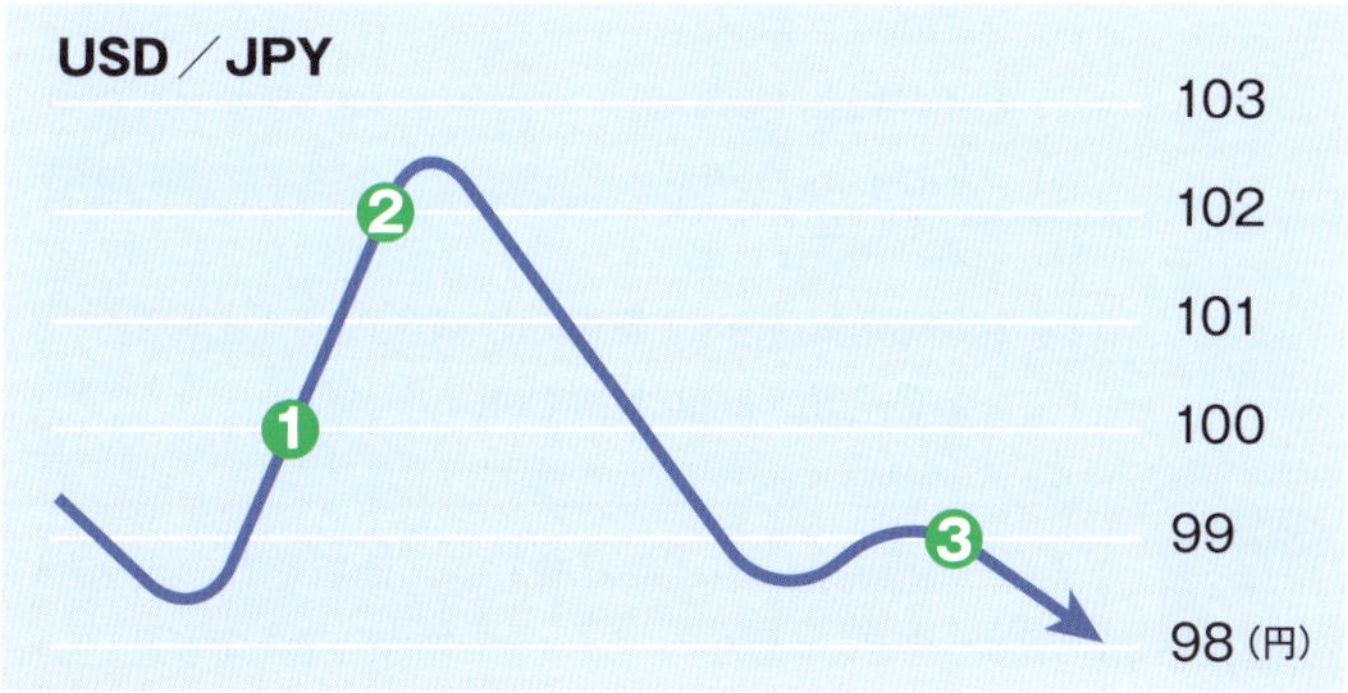

（A）①で買って②で売る　（B）②で買って③で売る

（C）①で売って③で買い戻す

問5

図の値動きで、A～Cのような取引をした場合、いくら儲かりましたか損しましたか?

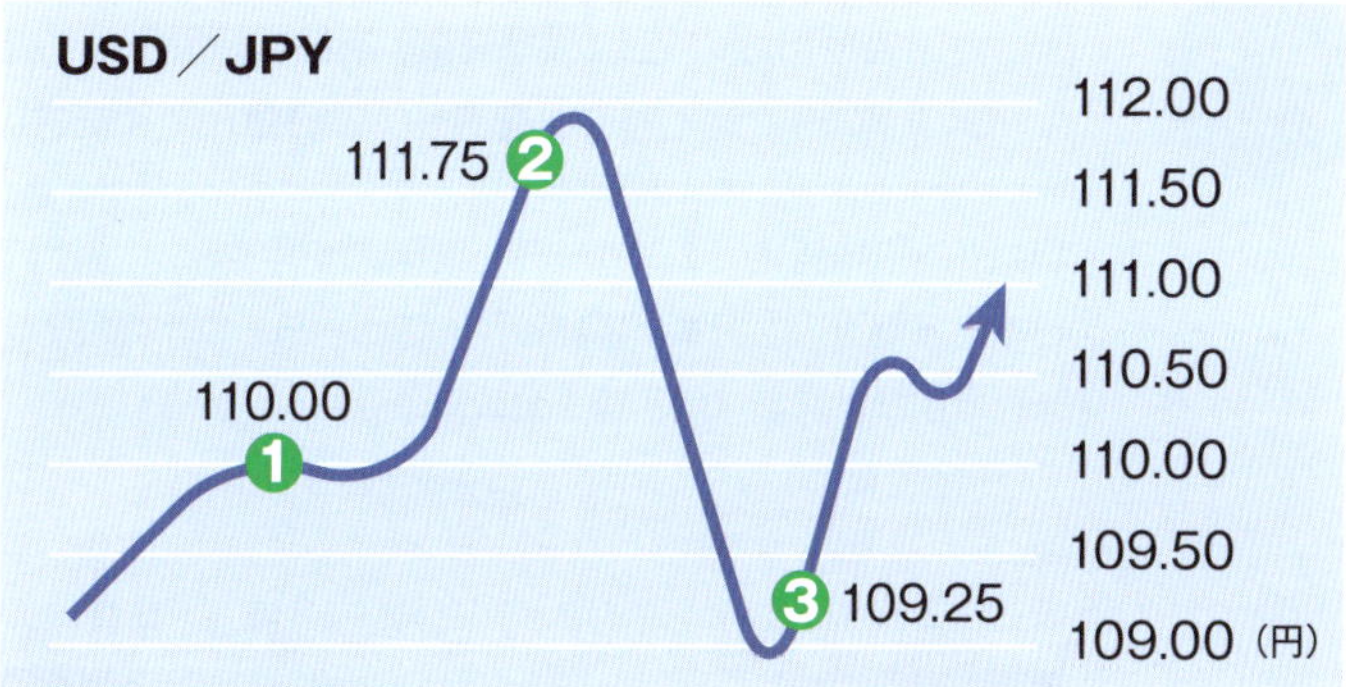

(A) ①で１万通貨買って②で売る　(B) ②で2万通貨売って③で買い戻す

(C) ①で3万通貨売って③で買い戻す

ドリル 2

世界経済のことを勉強しよう！

問1

為替レートを動かす要因にはさまざまなものがあります。以下の場合、米ドル／円は一般論でいうと、上がりますか下がりますか？

（A）米国が利上げした
（B）日本が利上げした
（C）米国が利下げした
（D）日本が利下げした
（E）米国の景気が日本の景気に比べていい
（F）日本の景気が米国に比べていい

問2

A～Eは経済指標などの略語です。それぞれの説明として正しいものはどれでしょうか？　①～⑤の中から選んでください。

（A）CPI	① 非農業部門新規雇用者数
（B）GDP	② 国内総生産
（C）NFP	③ 購買担当者指数
（D）PMI	④ 連邦準備制度理事会
（E）FRB	⑤ 消費者物価指数

問3

図は外国為替市場の1日（標準時間）を日本時間で示したものです。A～Gの時間帯で起こることを①～⑦から選んでください。

①ロンドン市場開始　②ニューヨーク株式市場開始　③豪州市場開始
④日本市場終了　⑤日本市場開始　⑥ニューヨーク市場終了
⑦米国雇用統計発表（毎月第1金曜日のみ）

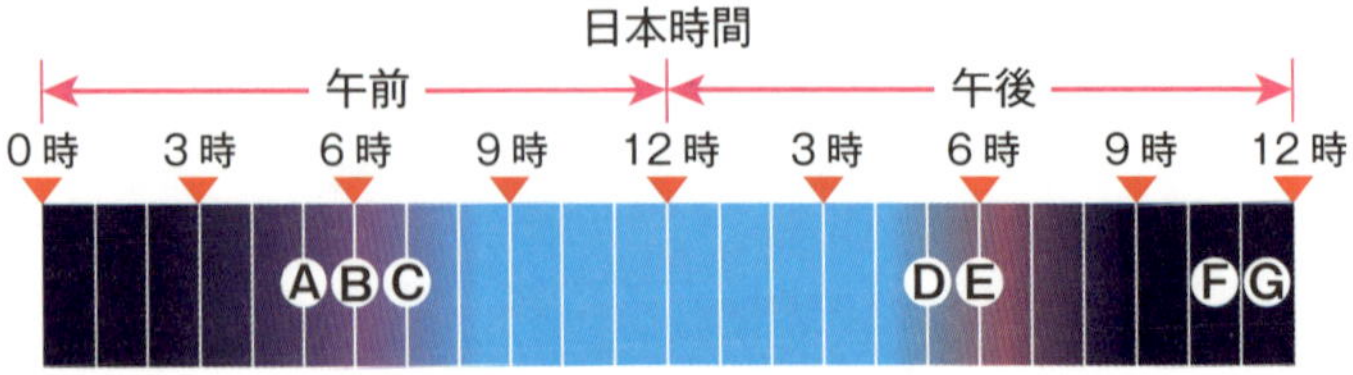

問4

以下の文章を読んでカッコの中の言葉のどちらが正しいか選んでください。

（A）その国の景気がよくなるとお金に対する需要が（①増え　②減り）、金利が（①上がる　②下がる）。
金利が上がるとその国の通貨に対する需要が（①増え　②減り）、その国の通貨は（①上昇　②下降）しやすくなる。

（B）物価が上昇して（①インフレ　②デフレ）になると、その国の中央銀行が物価を（①上げるため　②下げるため）に政策金利を（①上げる　②下げる）ことが多く、その国の通貨は（①上昇　②下降）しやすくなる。

（C）その国の通貨に対する信用がなくなり（①ハイパーインフレ　②デフレスパイラル）になると、その国の通貨は激しく（①上昇　②下落）し、物価は激しく（①上昇　②下落）する。

（D）「リスクオフ」とは市場がリスクを（①取りたがる　②取りたがらない）状態のことで、（①リスク資産　②安全資産）に対する需要が高まり、為替市場では（①円高　②円安）になりやすい。
反対に「リスクオン」とは市場がリスクを（①取りたがる　②取りたがらない）状況のことである。

ドリル 1~2の 答 え

ドリル1　問1

（A） 1ドル100円が 80 円になったということは円が強くなったので円高で、20円分、損している状態です

（B） 円安で 20 円分、儲かっている状態です。

ドリル1　問2

ドル／円売りではレートが下がると利益になります。（A）は (110円－90円) ×1万通貨で20万円の儲け、（B）は10万円の儲け、（C）は逆にレートが上がってしまったので （110円－120円) ×1万通貨で10万円の損失になります。

ドリル1　問3

通貨ペアを買うときは 「買 （bid）」 のレートで買え、売るときは 「売 （ask）」 のレートで売れます。（A）は11万円の儲け、（B）は10万2000円の損失、（C）は5万5000円の儲けになります。

ドリル1　問4

買い取引の場合、チャートが買値より上昇したところで売ると儲かり、下落したところで売ると損します。売りの場合は逆にチャートが下落すると儲かり、上昇すると損します。そのため、（A）は儲かり、（B）は損をしてしまい、（C）は途中損失が膨らみましたが結局、儲かりました。

ドリル1　問5

（A）は110円で1万通貨買って111円75銭で売っているので1万7500円の儲け、（B）は2万通貨なので2円50銭×2万通貨で5万円の儲け、（C）は3万通貨なので75銭×3万通貨で2万2500円の儲けになります。

ドリル2　問1

利上げや好景気は通貨高、利下げや不景気は通貨安につながります。そのため、(A) ではドルが強くなり上昇、(B) は下落、(C) も下落、(D) は上昇、(E) は上昇、(F) は下落となります。

ドリル2　問2

(A) のCPIは Consumer Price Index の略で⑤の消費者物価指数。
(B) のGDPは Gross Domestic Product の略で②の国内総生産。
(C) のNFPは Non-Firm Payroll の略で①非農業部門新規雇用者数。米国雇用統計の際に発表される、投資家の注目度が非常に高い指標です。
(D) は Purchasing Managers' Index の略で③の購買担当者指数。
(E) は Federal Reserve Board の略で④の連邦準備制度理事会になります。

ドリル2　問3

(A) は⑥、(B) は③、(C) は⑤、(D) は①、(E) は④、(F) は⑦、(G) は②になります。

ドリル2　問4

(A) は順に①、①、①、①。
(B) は順に①、②、①、①となります。
(B) ではインフレを抑えるために中央銀行が利上げするので通貨が上昇しやすくなるという考え方を正解にしましたが、インフレがあまりに激しいといくら利上げしても通貨の価値が下がることもあります。
(C) は①、②、①です。
(D) は順に②、②、①、①。

他人任せはダメ。失敗から学べる素直さや頭の柔らかさが大切

最近はセミナー参加者の中にも、外貨預金や株式などへの投資体験が一切なく、「FXがはじめての投資です」という方が増えています。少額資金から始められるFXは投資のハードルも非常に低いといえるでしょう。

ただし、ハードルが低いイコール儲かりやすい、というわけではありません。かならず儲かることを大前提に投資を始める人や、何が儲かるか自分で考えたくない人、他人から教えてもらえると思っている人がFXで成功するのは難しいでしょう。

100%確実に予測できない未来を相手に、自分がこうなると思った方向にお金を投じるのが投資です。100%確実なものなど何もないわけですから、当たり前のように失敗も起こります。

FXで成長できるかどうかは、この失敗から「何を学べるか」にかかっています。予想が外れて損失が出てしまったとき、素直に自分の間違いを認めて、「どうして損をしてしまったのか?」「どうすればもっと取引がうまくなるのか?」を考えられる人がFXで成長できる人なのです。

そのためには、自分を率直にさらけだし、他人の意見を素直に取り入れることが大切になります。

「頭は柔らかく、心はオープンに」を心がけましょう。

Lesson 2

チャートを使いこなして資産を増やす！　基礎編

Lesson

2-1 FX取引で成功するために一番重要な「トレンド」とは？

FXで最も重要なのは「トレンドに沿った取引をすること」です。「トレンド」とは潮流、流行を意味する言葉ですが、FXの世界では「大局的に相場を見て、どの方向に向かっているか」を意味します。

相場の方向性は「上昇、下降、横ばい」の3つしかありません。過去の値動きを示した図を「**チャート**」と呼びますが、まずはFX会社のツールで、取引したい通貨ペアのチャートを表示してみましょう。すると、その通貨ペアが上昇と下降を繰り返しながら全体として上がっているか下がっているか、横ばいで推移しているかが判断できます。それが「**トレンド**」です。

3つのトレンドの裏に投資家の攻防あり

上昇トレンドの基本的な特徴は、高値と安値がどんどん上がり、チャートが全体として右肩上がりな点にあります。下降トレンドは逆に値動きが右肩下がりになっている状態です。横ばいトレンドは「**レンジ相場**」や「**ボックス**」とも呼ばれ、為替レートが一定の高値と安値の間を行ったり来たりしている状態です。

チャートの値動きはコンピューターが勝手に作ったものではなく、世界中の投資家が実際に取引した結果できたものです。値動きの裏には投資家同士の攻防があり、上昇トレンドでは買いで勝負した人が利益を上げ、下降トレンドでは売りで勝負した人が儲かっています。横ばいトレンドは買いと売りの勢力が拮抗した状態です。〝勝ち馬に乗れ〟がFXの極意ですから、上昇トレンドでは買い、下降トレンドでは売りで勝負するのが基本戦略です。

FXの基本はトレンドを見つけること

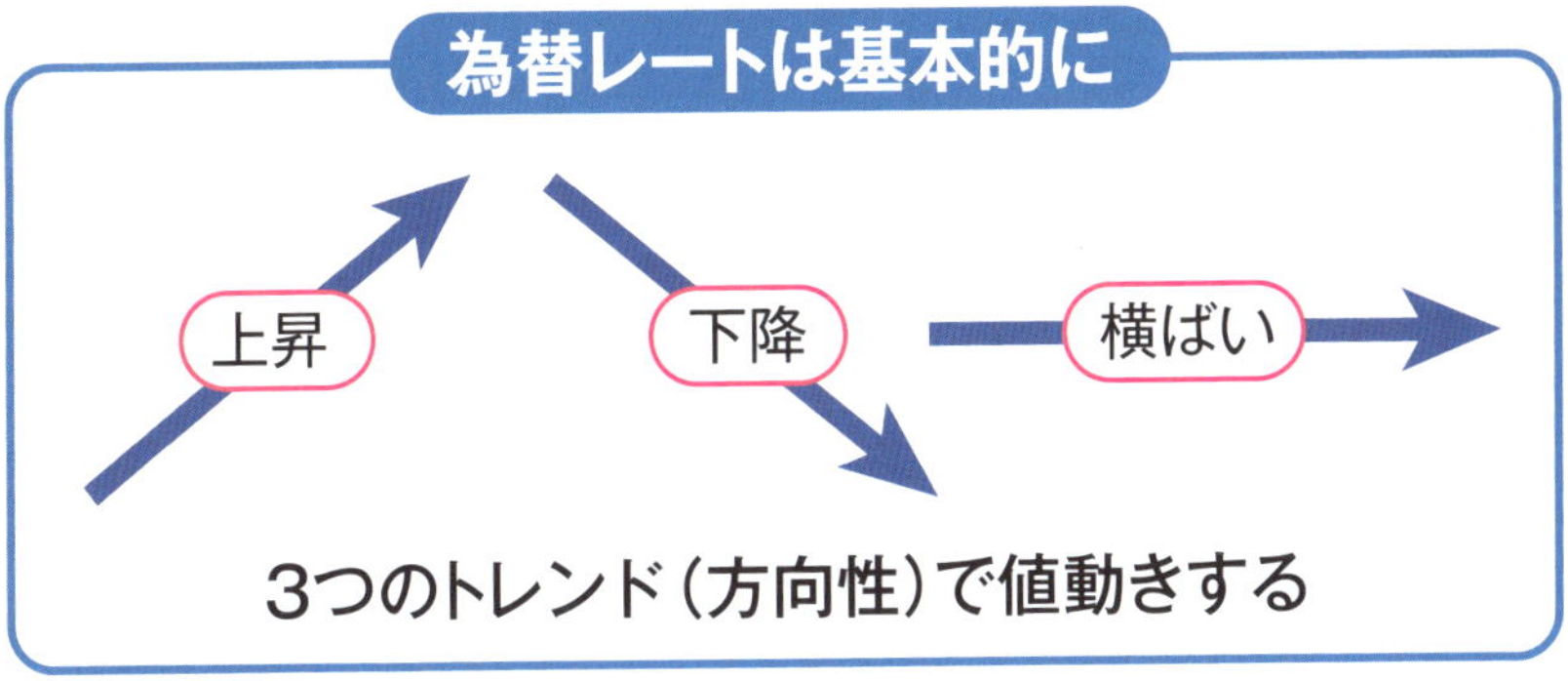

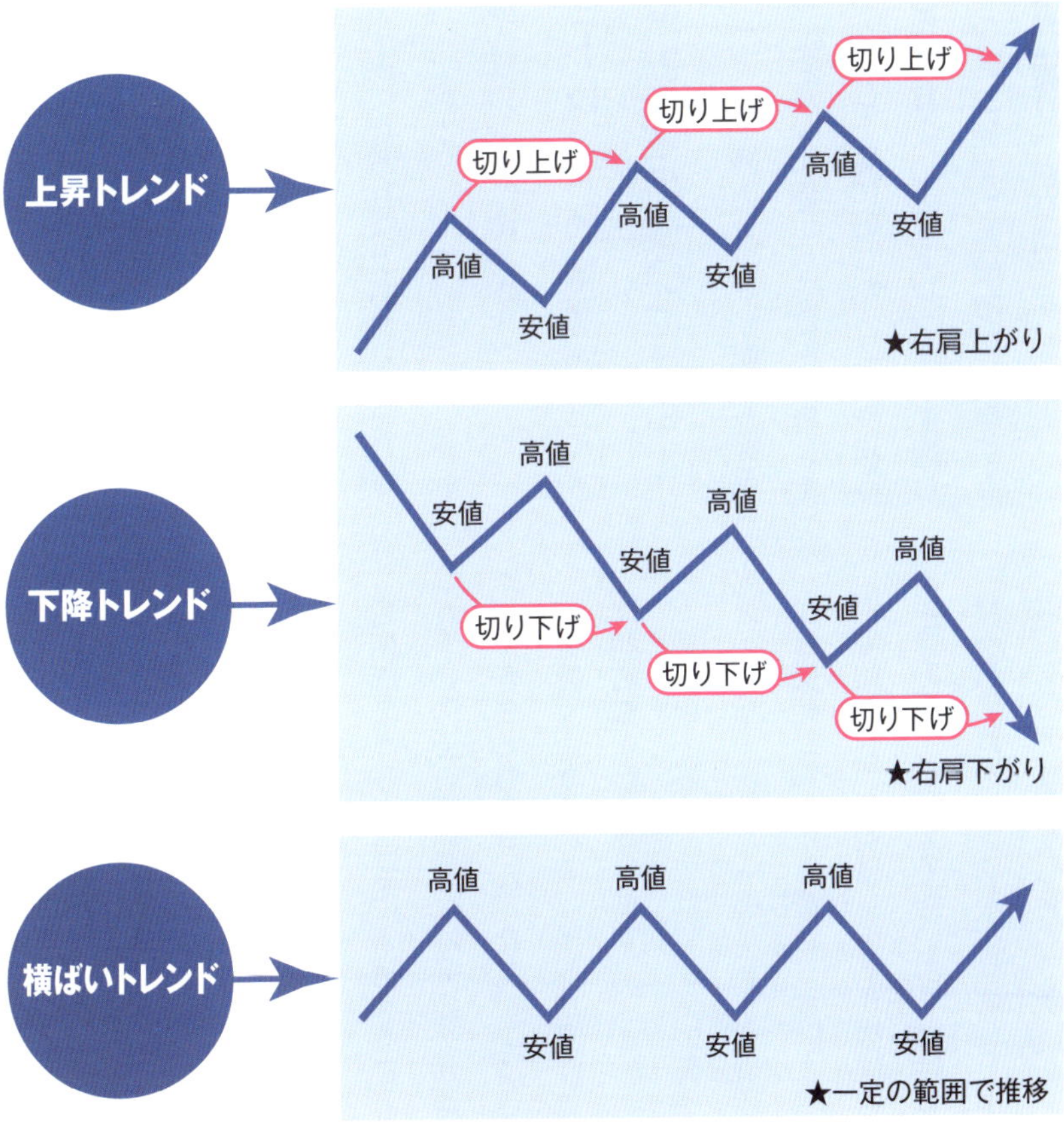

Lesson

2-2 トレンドに応じた取引方法を知ろう！

値動きの中にトレンドを見つけて、それに沿って取引することを「**トレンドフォロー**」といいます。

上昇トレンドが明確なときは買いで勝負するのが基本になります。最も一般的なのは、上昇トレンドが小休止していったん下落したあと再上昇に転じたところで買う取引です。上昇が小休止することを投資用語では「**押し目**」といい、そこで買う取引は「**押し目買い**」と呼ばれます。

むろん、上昇トレンドが加速して勢いよく高値を更新する動きに便乗した「**追随買い**」も有効です。ただ、こちらは急上昇中に買うことになるので、その後、急落して思わぬ高値づかみになるリスクもあります。また、上昇トレンドでは原則として新規売りの取引は控えます。

各トレンドの特徴や取引手法の違いに注目

一方、下降トレンドが明確なときは、下落が小休止して反転上昇したあと再び下落に転じたところを狙う「**戻り売り**」、下降トレンドが加速して急落が始まった瞬間に便乗する「**追随売り**」が有効です。

上昇トレンドがじわじわ上がることが多いのに対し、下降トレンドは短期間のうちに急激に下落することが多いので、初心者には見極めが難しいかもしれません。ただ、いっきに大きく下がるので、予想が当たれば利益も大きくなります。

横ばいトレンドではレンジの高値近辺から下落したら売り、安値近辺から反発上昇したら買い、という取引で臨みます。為替レートが横ばい相場の高値を超えて勢いよく上昇したら追随買い、安値を割り込んで下落したら追随売りも有効です。

トレンドに応じた売買戦略の立て方

FXの基本はトレンドフォロー（トレンドに沿った売買）

上昇トレンドの基本戦略

○ 上昇が小休止したときに買う **押し目買い**

○ 強い上昇に乗る **追随買い**

× 売りの取引はしない

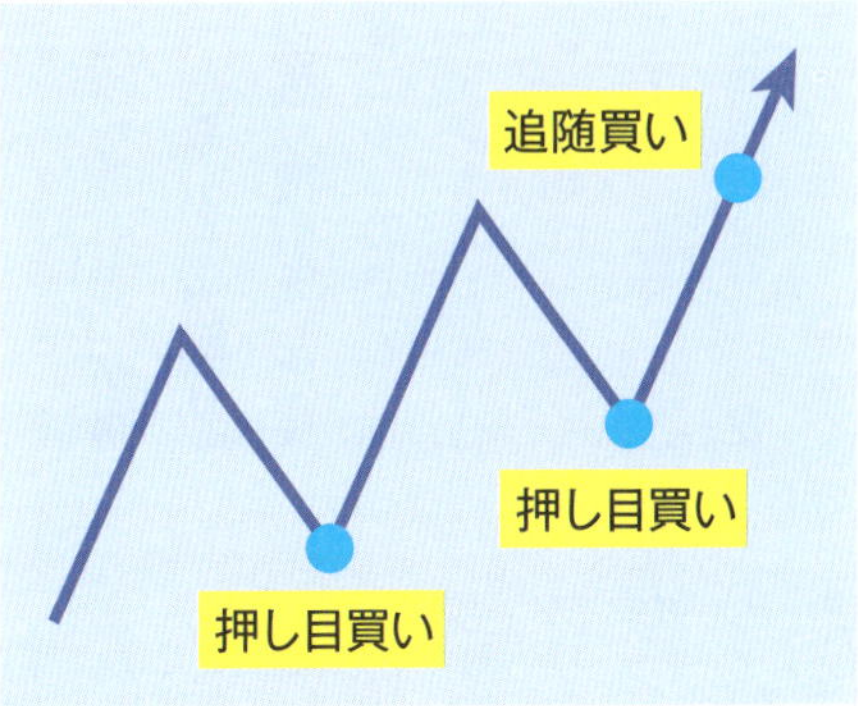

下降トレンドの基本戦略

○ 下降が小休止したときに売る **戻り売り**

○ 強い下降に乗る **追随売り**

× 買いの取引はしない

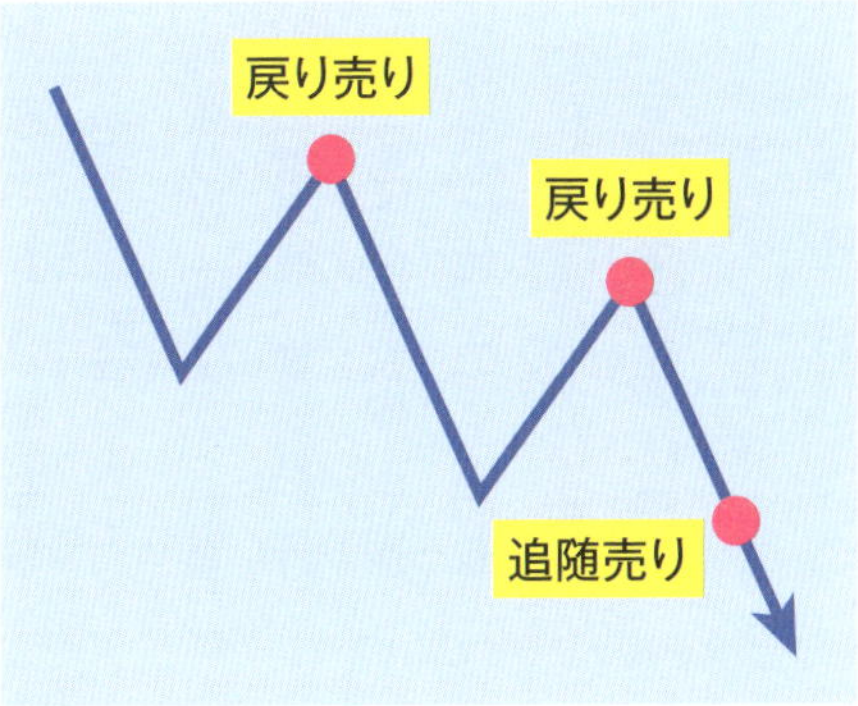

横ばいトレンドの基本戦略

○ レンジの上限近辺で **上値売り**

○ レンジの下限近辺で **下値買い**

○ 取引せず様子見もOK

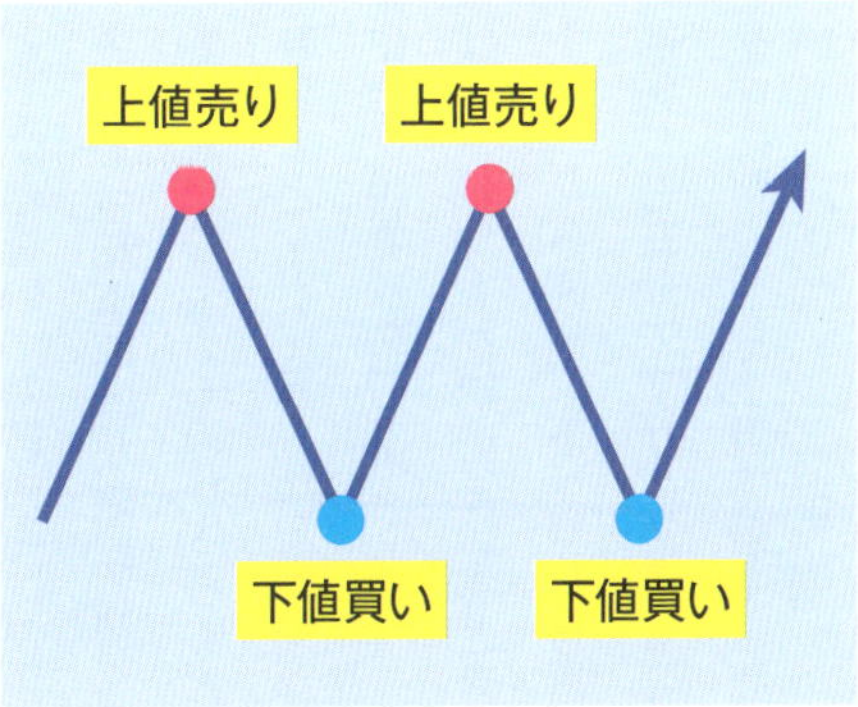

Lesson

2-3

買い物感覚の取引はNG！むやみな「逆張り」は禁物！

セミナー参加者の方々に話を聞くと、FXでの失敗の大半は、為替レートがずるずる下がっている最中に買ってしまい、大きな損失を抱え込むパターンです。

相場の流れに沿った取引を「**順張り**」、流れに逆らった取引を「**逆張り**」と呼びますが、逆張り取引をして失敗する投資家が実に多いのです。

順張りはトレンドフォローと同じ意味で、上昇トレンドでは「高いものを買って、さらに高く売る」ことを目指します。反対に逆張りは「安いものを買って、高くなったら売る」ことを目指しています。

日常の買い物感覚で逆張りすると痛い目に

日本の投資家は、かなり経験を積まれた方でも逆張りが大好きです。ある意味、逆張りは「安いからお買い得」という日常の買い物感覚に近いため、FXでもその延長線上で逆張り志向になるのは仕方のない面もあります。しかし、下がっているものが「どこで下げ止まるか」は神のみぞ知ること。少なくとも下落が止まり、多少、反転上昇に転じたときに買っても遅くはありません。

上昇中のものを高値で買うのはその後の急落が怖いですし、もったいない気もします。しかし、日常のショッピングと違い、為替相場はブランド志向で付和雷同的な面が強く、高くても人気のあるものがさらに人気を呼び、どんどん高くなる傾向が非常に強い世界なのです。

横ばいトレンドが続いているときは「上がったら売り、下がったら買う」逆張りも有効ですが、急落している最中に買う、急上昇の最中に売るのは避けるべきでしょう。

投資手法には順張りと逆張りがある

順張り 上がっているものを買う。下がっているものを売る。

高いのは
人気の証拠
だから買い！

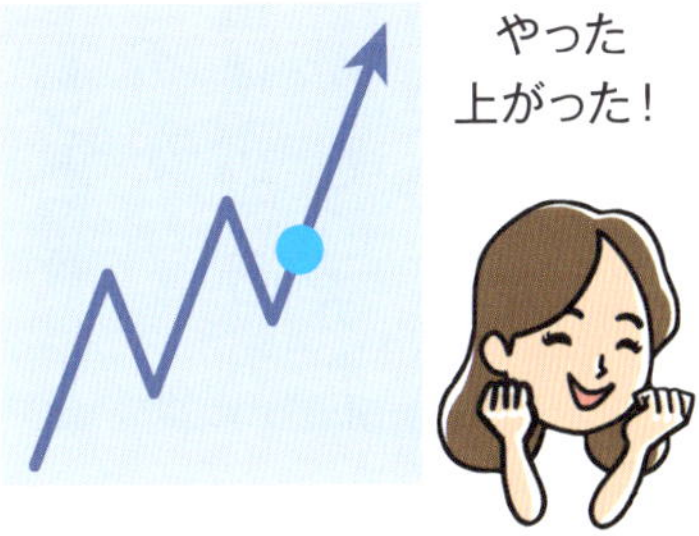
やった
上がった！

逆張り 上がっているものを売る。下がっているものを買う。

そろそろ反転して
下げそうだから
売り！

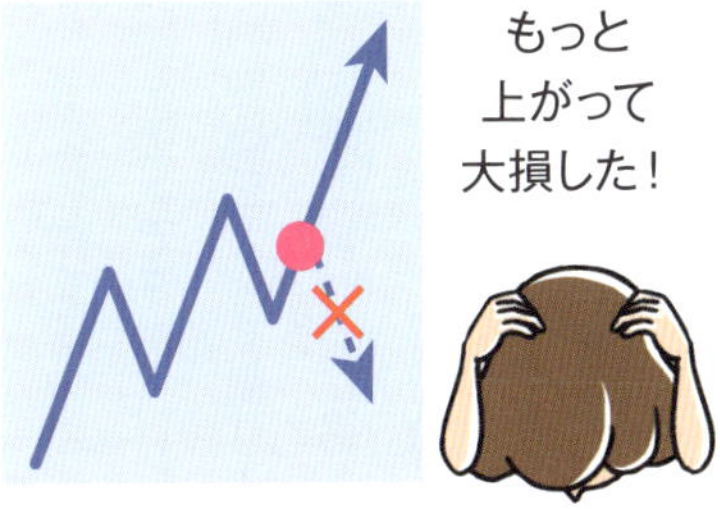
もっと
上がって
大損した！

結論 日常の買い物感覚で逆張りすると痛い目に

佐藤正和
直伝
ポイント

落ちてくるナイフはつかむな。暴落中の逆張りは厳禁！

投資の世界には「落ちてくるナイフはつかむな」という格言があります。FXの大失敗の9割も〝落ちてくるナイフ〟をつかんだ逆張りトレードが原因と断言できます。急落が終わり、横ばい相場や反転上昇に転じるまで待ちましょう。

Lesson

2-4 トレンド転換を見極めて2倍儲けよう！

　トレンドフォローが重要といっても、同じトレンドが永遠に続くわけではありません。いつかは上昇から下降、下降から上昇、もしくは横ばいから上昇か下降へ、「トレンドの転換」が起こります。為替相場には**トレンド継続**と**トレンド転換**という2つの局面があるのです。

　トレンド継続中はその方向に沿った取引を行いますが、ひとつのトレンドが終了し、新たなトレンドが発生したら、売買の方向性を180度転換する必要があります。トレンドがどこで転換したかの見極めには、あとで紹介するテクニカル指標を使った判断が有効です。

トレンドフォロー以上に儲かるトレンド転換

　簡単にいうと、上昇トレンドが下降トレンドに転換するのは、これまでの高値を更新できず、しかも、これまでの安値を大きく割り込んだときです。下降トレンドが終了するのは、安値を更新できず、過去の高値を超えて大きく上昇したときです。横ばいトレンドの終了はこれまでの上限・下限レンジを勢いよく突き破ったときになります。

　トレンド転換が起こったら、過去のトレンドに乗った取引はすぐに利益確定または損切りすべきです。トレンド転換をいち早く察知して、新トレンドが発生した最初の瞬間に便乗できると、得られる利益も大きくなります。トレンド転換はある意味、FXの〝稼ぎ時〟なのです。

　むろん、転換したと思ったら前のトレンドがまた復活したという「ダマシ」も多いので、明確なトレンド転換の発生シグナルをチャート上で確認することも重要です。

ＦＸには２つの稼ぎ時がある

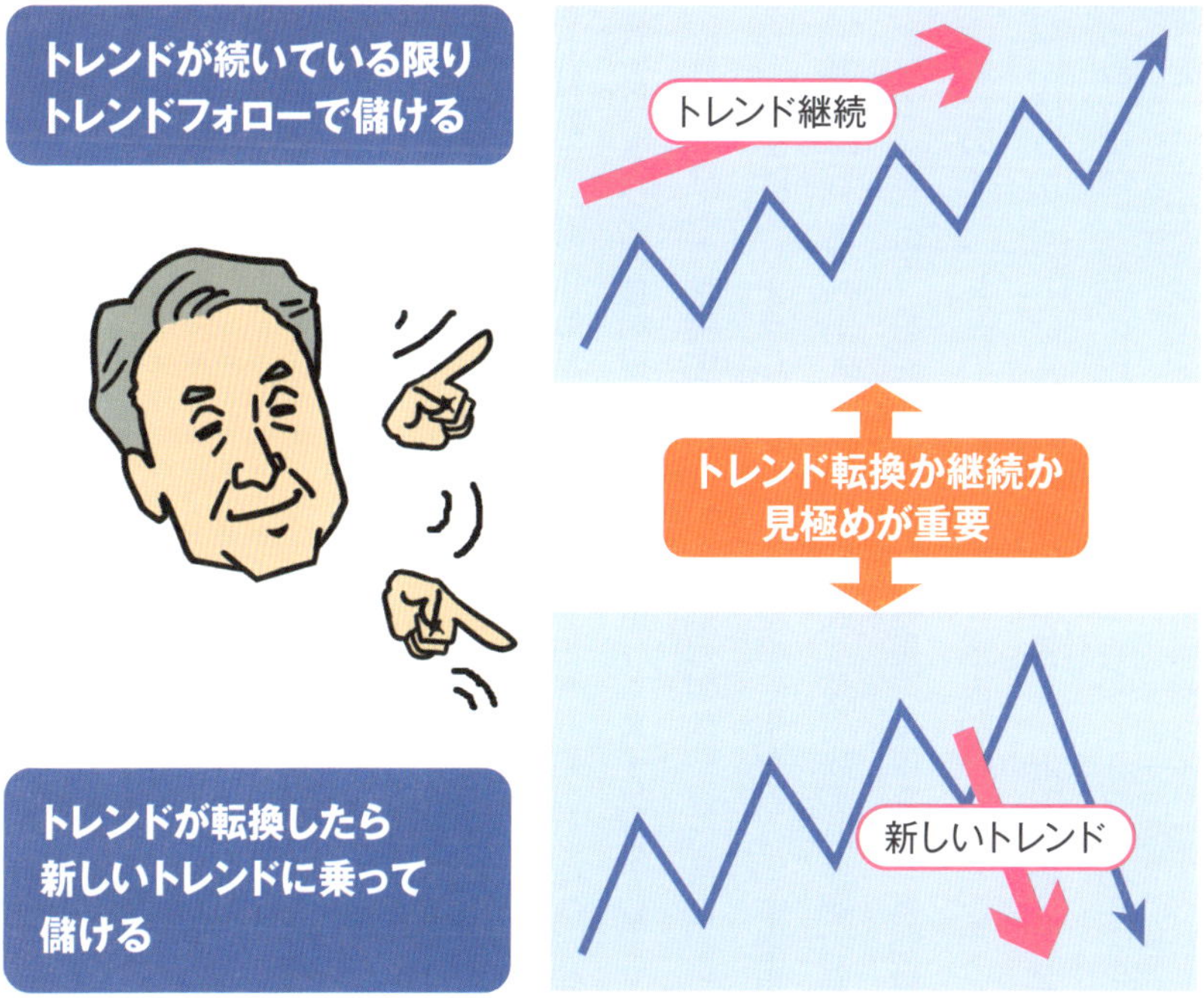
トレンドが続いている限り
トレンドフォローで儲ける
トレンド継続
トレンド転換か継続か
見極めが重要
トレンドが転換したら
新しいトレンドに乗って
儲ける
新しいトレンド

トレンドに乗った売買ポイントと、トレンド転換時の売買ポイント

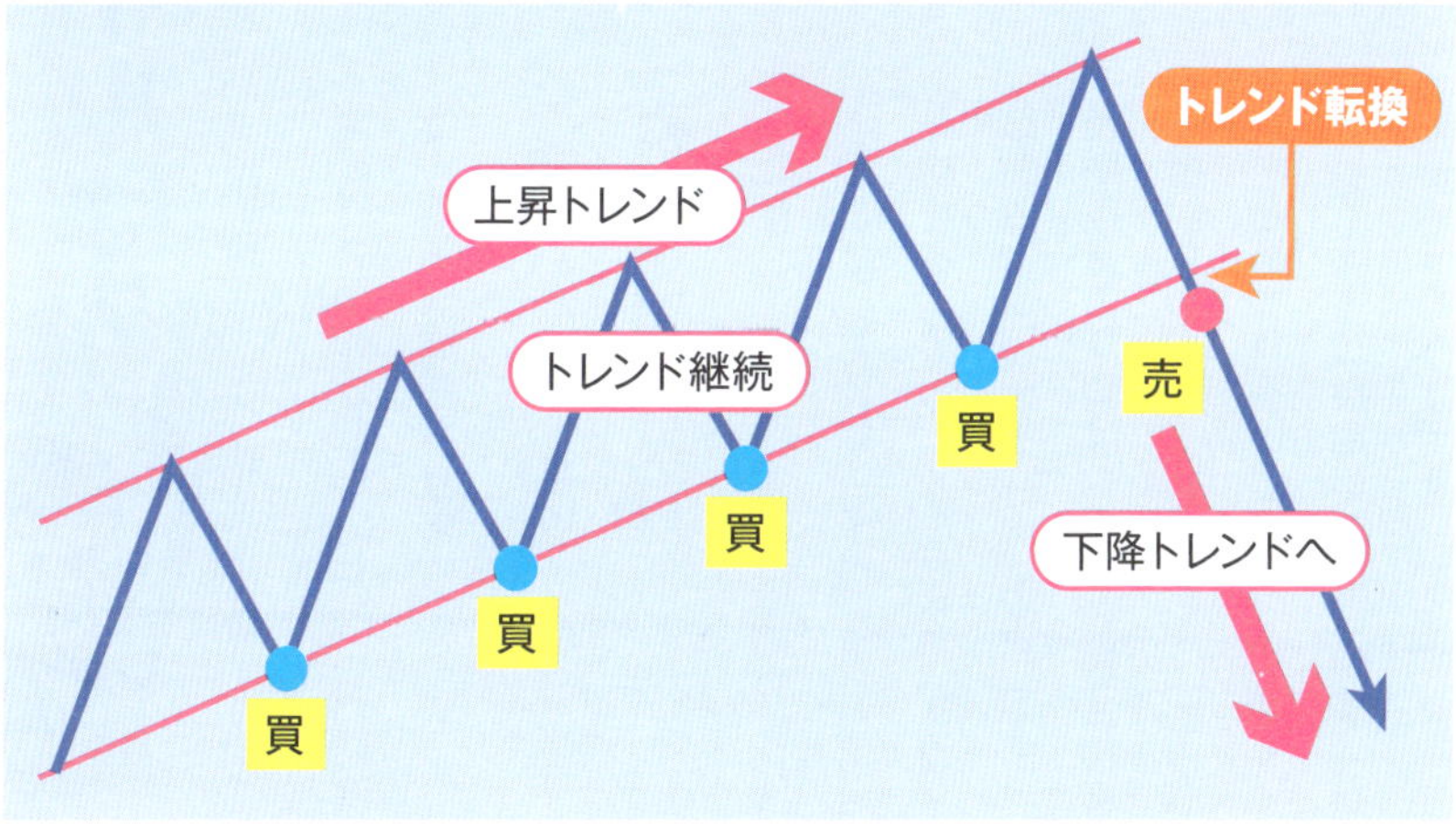
上昇トレンド
トレンド継続
トレンド転換
買
買
買
買
売
下降トレンドへ

スキャルピングから長期投資まで自分にぴったりの投資スタイルは？

一口にＦＸといっても、その取引のペースはさまざまです。

たとえば、１日で売買を終わらせるデイトレードに数年に及ぶ長期的なトレンドはあまり関係ありません。逆に数ヵ月以上の中長期投資をするときに今日１日の為替相場のトレンドを見る必要はありません。

つまり、自分がどんなペースで取引しようとしているのか、を自覚することが大切なのです。ＦＸの取引を期間が短いほうから見ていくと、

- 数秒から数分単位の非常に短い時間の値動きをとらえて超短期の売買を繰り返す「**スキャルピング**」
- 東京市場からロンドン市場を経てニューヨーク市場に至る１日の値動きの中で取引する「**デイトレード**」
- 数日から数週間程度の短期的な波を狙う「**スイングトレード**」
- 数週間から数カ月という長めの時間軸の変化を狙う「**中期投資**」
- 数カ月～数年の長期的潮流に乗って気長に投資する「**長期投資**」

などにわけることができます。

むろん、取引に成功した場合は、スキャルピングからデイトレードに方針転換して利益を伸ばしたり、長期投資のつもりでもいったん利益確定するのは問題ありません。

最悪パターンは長期塩漬け投資

ただし、「このペースで勝負する」と決めていたのに、予想が外れて含み損を抱えてしまったため、ずるずる期間を伸ばすのはやめましょう。

長期投資の９割は「損失を抱えたまま損切りできずに保有しているもの」といわれるほどです。損切りに関しては当初設定した投資の期間を厳密に守るべきです。

ＦＸにはさまざまな時間軸の投資法がある

短期	**スキャルピング** 数秒から数分の取引	高レバレッジをかけて、 超短時間内に起こる 数 pips ～数十 pips の動きを狙う 初心者には不向き
↓	**デイトレード** 1日単位の取引	1日で新規取引→決済を終わらせる 1時間足チャートなどを見て小さな 値動きを何度も狙う
↓	**スイングトレード** 数日から数週間の取引	日足チャートなどを見て 短期的なトレンドに乗って 利益を伸ばす
↓	**中期投資** 数週間から数カ月の取引	レバレッジは低めにして 中期的なトレンドと スワップポイントを狙う
長期	**長期投資** 数カ月～数年の取引	長く大きなトレンドに乗り、 スワップポイントも狙った 外貨投資が基本

FXで使われる「pips（ピップス）」とは？

「pips（ピップス）」とは、FX における為替レートの値動きの最小単位のことを指し、「ポイント」と 呼ばれることもあります。「1pip」の値は通貨ペアによって異なりますが、日本円の絡む通貨ペアの場合は「0.01円＝1銭」が1pipとなり、米ドルの絡む通貨ペアの場合は「0.0001ドル＝0.01セント」が1pipとなります。

勇気を持って損切りを！勝ち負けは1セットで考えよう！

ＦＸで絶対に必要なこと、それは予想が外れた取引をして損失が拡大したとき、その損失を決済する「**損切り**」ができる勇気を持つことです。

とはいっても、多くのセミナー参加者の方々からは「損切りが本当に苦手」「損切りは絶対したくない」という声が多数寄せられています。

確かに損切りは、いったん下した自分の判断を否定することになるので精神的につらいものです。

損切りした直後、予想通りの方向に為替レートが戻ったりすると悔しさはハンパではありません。

しかし、損失拡大が続けば最悪、ＦＸからの退場という憂き目にあいます。具体的には損失拡大で減少した自己資金が、必要な証拠金の額を下回ると、新たに資金を追加入金しない限り、ＦＸ会社によって強制的に決済されて損失が確定されてしまうのです。

気にするべきは勝ち負けよりも「勝率」

損失が拡大している最中は、取引に対する後悔や「いずれ利益が出るはず」という未練、「もう、どうでもいい」という自暴自棄の感情が渦巻き、夜も眠れないほどです。自分の心の中に次々と沸き起こる〝負の感情〟に翻弄されているのは精神的にもよくありません。

たとえば、野球選手は1年間戦って、負けたり勝ったりしながら、年間の勝率を上げることを目指しています。ＦＸもある意味、それと同じです。「利益確定＝勝ち」「損切り＝負け」で1セットと考え、なるべく勝率を上げることにこだわったほうが、気も楽ですし、成績も向上するはずです。

ＦＸでは「損切りできる勇気」が必要

損切りしたくない感情を克服しよう

Lesson 2-7

未来予測に必要な2つの分析 双方を活用して取引を有利に！

FXで未来予測する方法には2通りのやり方があります。ひとつは、さまざまな経済指標をもとに「景気や金利の状況から見て為替レートはこう動く」と予測するもので、「**ファンダメンタルズ分析**」といいます。

もうひとつは、為替レートの値動きを記録したチャートを使い、「過去にこういう値動きをしてきたから今後はこう動く」と予測する方法で、「**テクニカル分析**」といいます。

「2つの方法のどちらかじゃないとダメ」というものではなく、実戦では2つのアプローチを組み合わせて、予測の精度を高めていきます。

テクニカル分析主体に取引するのが現実的

とはいえ、個人投資家が入手できる経済情報はごく限られたもので、情報の処理や分析能力では専門家のプロにかなうはずがありません。特に男性投資家に多いのですが、ある程度経験を積むと〝プチ経済評論家〟のようになってしまい、独自の経済解釈や相場分析に固執して失敗してしまう例も多いのが実情です。

相場の流れについていく、という意味では、シンプルに過去の値動きをもとに未来を予測するテクニカル分析主体で取引を行うべきです。実際にチャートを見ないと、どこでエントリーしてどこでエグジット（決済）すればいいか、取引のタイミングもつかめません。

ただし、チャート上の値動きの裏にはかならずファンダメンタルズの変化が反映されています。チャート分析を行う際も、さまざまな経済ニュースや経済指標が、どのように為替レートに影響を与えているかについては意識しておきましょう。

ＦＸには２つの未来予測法がある

ファンダメンタルズ分析

経済指標やニュースなどから
相場の未来を読む

テクニカル分析

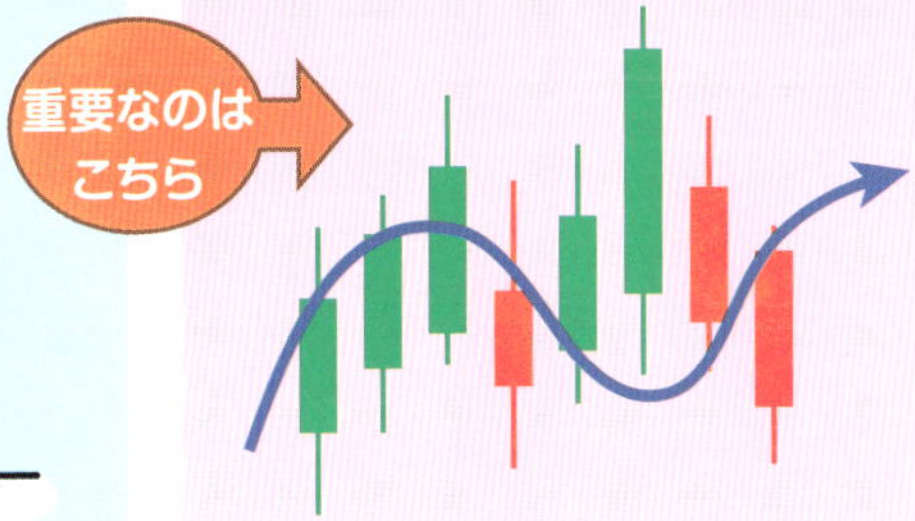

為替レートの過去の値動きから
未来を予測

ファンダメンタルズ分析

- **長所** 大局観を養える／長期的な戦略を立てやすい
- **短所** 細かい値動きは読めない／頭でっかちになりがち

テクニカル分析

- **長所** 実際の値動きに応じた取引ができる／売買ポイントが明確
- **短所** ダマシも多い／値動きを後追いして翻弄されてしまうことも

佐藤正和 直伝ポイント

ファンダメンタルズは参考程度。テクニカル分析のみでもOK!!

FXで一番大切なのは値動きなので、実戦ではテクニカル分析に徹しましょう。ファンダメンタルズに関しては「その変化が値動きにどんな影響を与えているか」を観察するだけで十分です。実際の売買ポイントはかならずチャートを見て決めます。

2-8 テクニカル分析における3つの指標を押さえよう！

為替レートの値動きを示した「チャート」は世界中の投資家が実際に売買した結果できたもので、「チャートにはすべての情報が織り込まれている」といわれます。

過去の値動きは誰でも見ることができるものなので、プロとまったく対等な立場で個人投資家も値動き予測できるのがテクニカル分析の優れた点です。そんなテクニカル分析には3つの種類があります。

ひとつは為替レートがどの方向に向かっているかを探る「**トレンド系指標**」です。FX取引の基本はトレンドフォローですから、大切なトレンドの方向性や強さ、変動率などを教えてくれるトレンド系指標は最も重要なテクニカルツールです。

ダマシの多い オシレーター系

一方、為替レートはトレンドに沿って動くものの、永遠に上昇や下落が続くわけではなく、必ず、どこかで反転します。そうした転換点を教えてくれるのが「**オシレーター系**」と呼ばれる指標です。

オシレーターは英語で「振り子」を意味しており、多くは決められたレンジの中を動きます。その上下動で相場の勢いや過熱感（取引状況が妥当かどうか）を判断します。ダマシも多いので、かならずトレンド系指標と組み合わせて、トレンドの勢いや値動きの強弱を測るために使いましょう。

3つ目のアプローチは「**値幅予測**」で、過去に値動きした値幅などから今後どれぐらいまで相場が動きそうかを予測するもの。相場の大局を分析したり、未来の動きを予測するのにたいへん役立ちます。

テクニカル指標には３つのアプローチがある

テクニカル分析が重要な理由

「チャートはすべての情報を織り込む」

■テクニカル指標の種類

トレンド系

・トレンドライン
・移動平均線
・ボリンジャーバンド
・一目均衡表 etc.

トレンドの方向性や
強弱を分析

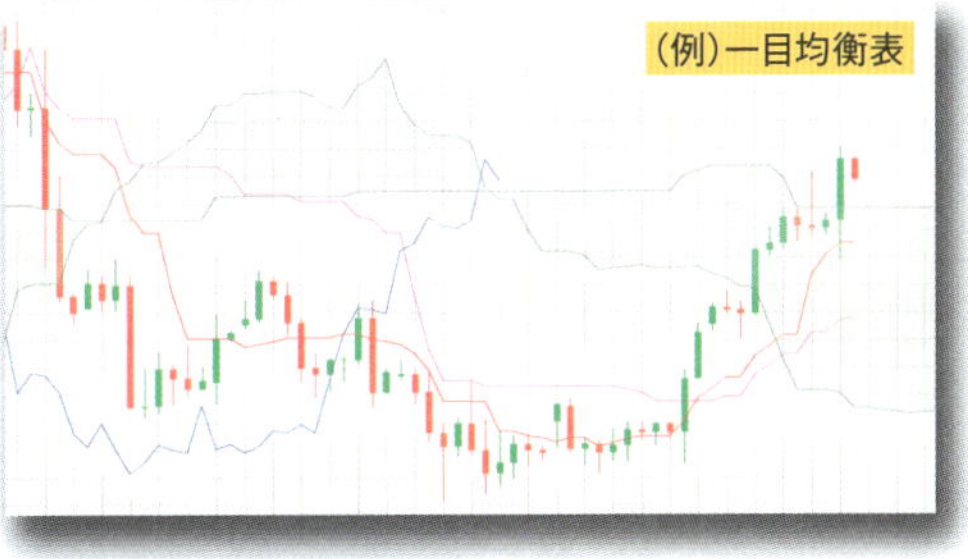

オシレーター（振り子）系

・MACD
・RSI
・ストキャスティクス etc.

値動きの強弱や
過熱感を計測

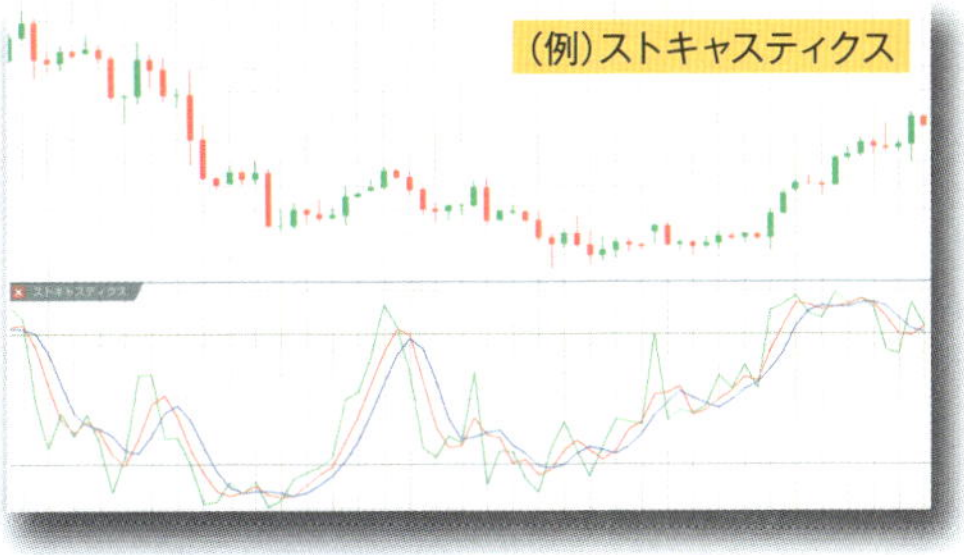

値幅予測系

・チャートパターン
・フィボナッチ
　リトレースメント etc.

今後の動きを予測

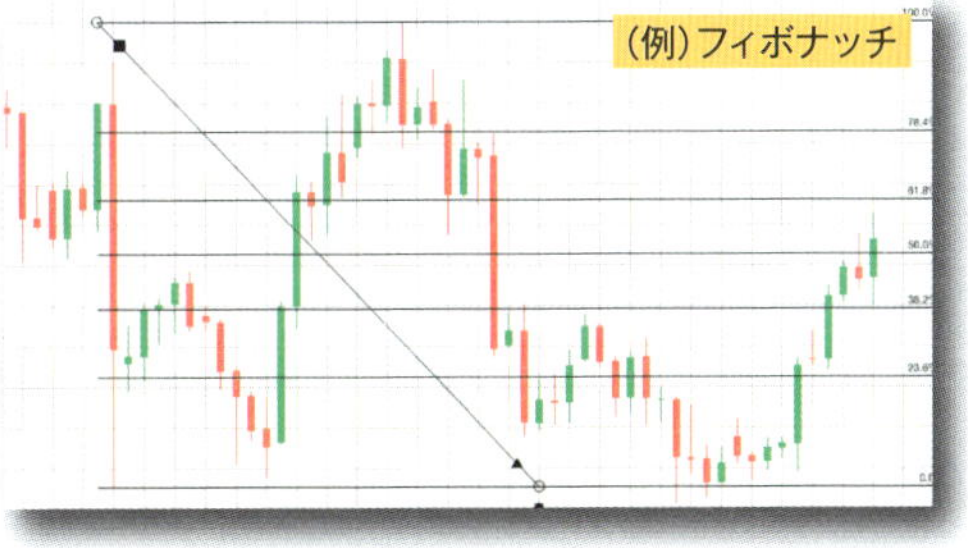

Lesson

2-9 すべての基本となる「ローソク足」の読み方

テクニカル指標で最初に覚えたいのが「**ローソク足チャート**」です。通常の折れ線グラフと違うのは、始値、終値、高値、安値という4つのレートを同時に示すことで、値動きの様子や強弱を解読できる点です。

江戸時代の日本で生まれたローソク足チャートの特徴はローソクのような「実体」があり、その上と下にローソクの芯のような「ヒゲ」が伸びている点です。ローソク足1本分は期間を示し、その期間が1日なら「日足（ひあし）チャート」、1週間なら「週足（しゅうあし）」、1ヵ月なら「月足（つきあし）」と呼びます。

ローソクの実体部分の上辺と下辺にあたるのは、期間中の最初のレート＝始値、最後のレート＝終値です。

実体部分やヒゲから値動きの強弱を読む

始値より終値が高く、期間中に上昇していれば、上辺が終値、下辺が始値となり、実体部分は白や緑で色づけされ、「**陽線**」と呼ばれます。反対に下落していれば、実体部分の上辺が始値、下辺が終値で、色は黒や赤になり、「**陰線**」と呼びます。

ローソクの実体部分から上に突き出した「**ヒゲ**」の頂点が期間中の高値、下に突き出した「**ヒゲ**」の頂点が安値です。

ローソクの実体部分が長ければ、為替レートが大きな値幅で上昇もしくは下降したことがわかります。また上ヒゲが異常に長いローソク足からは、一時的に急上昇したものの、その後、急激に失速して反落した値動きを読み取れます。**期間中の値動きの細かい様子やニュアンスまで、一目でわかってしまうのがローソク足チャートの優れた点なのです。**

ローソク足の基本

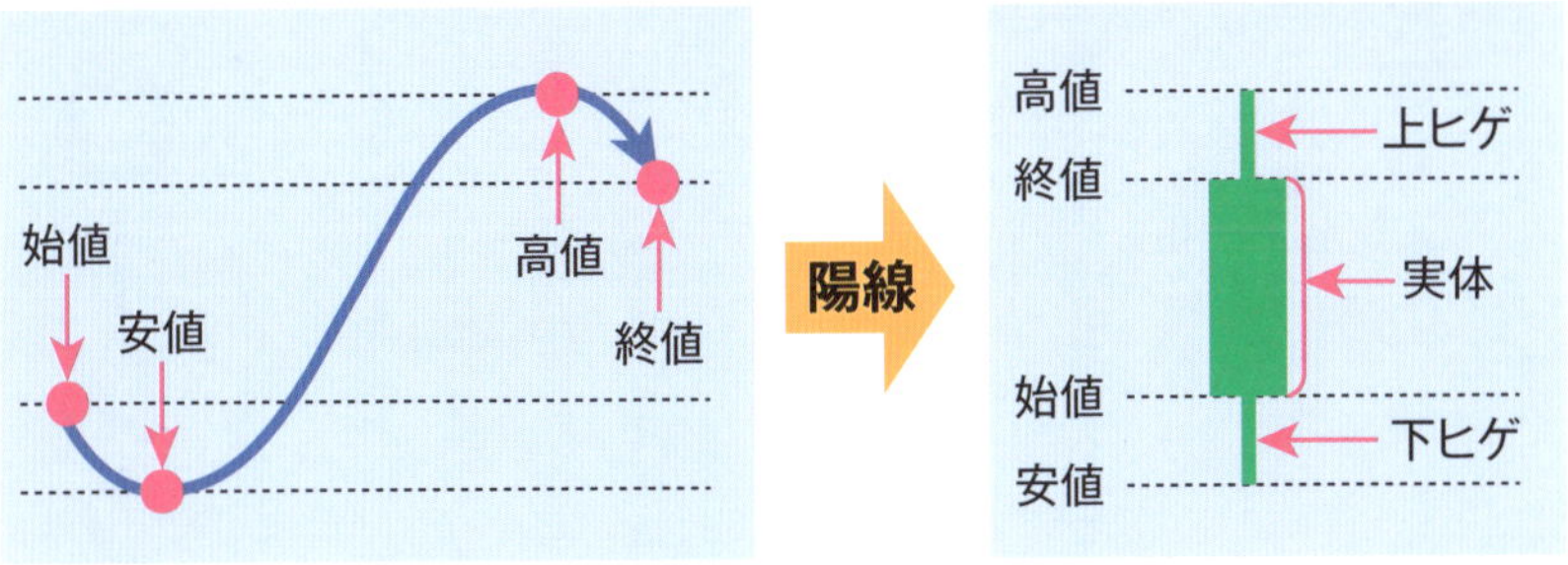

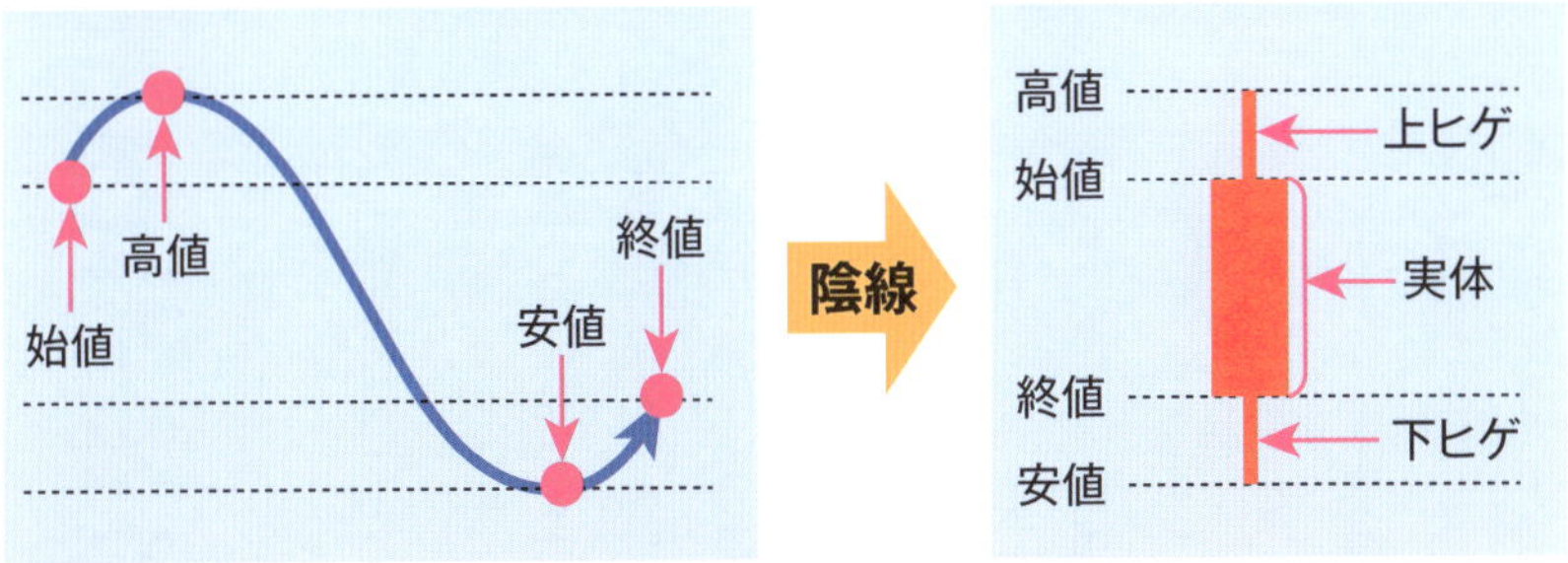

- 終値が始値を上回ると陽線、下回ると陰線
- 日足チャートなら1日、週足なら1週間

■ローソク足の形で値動きがわかる

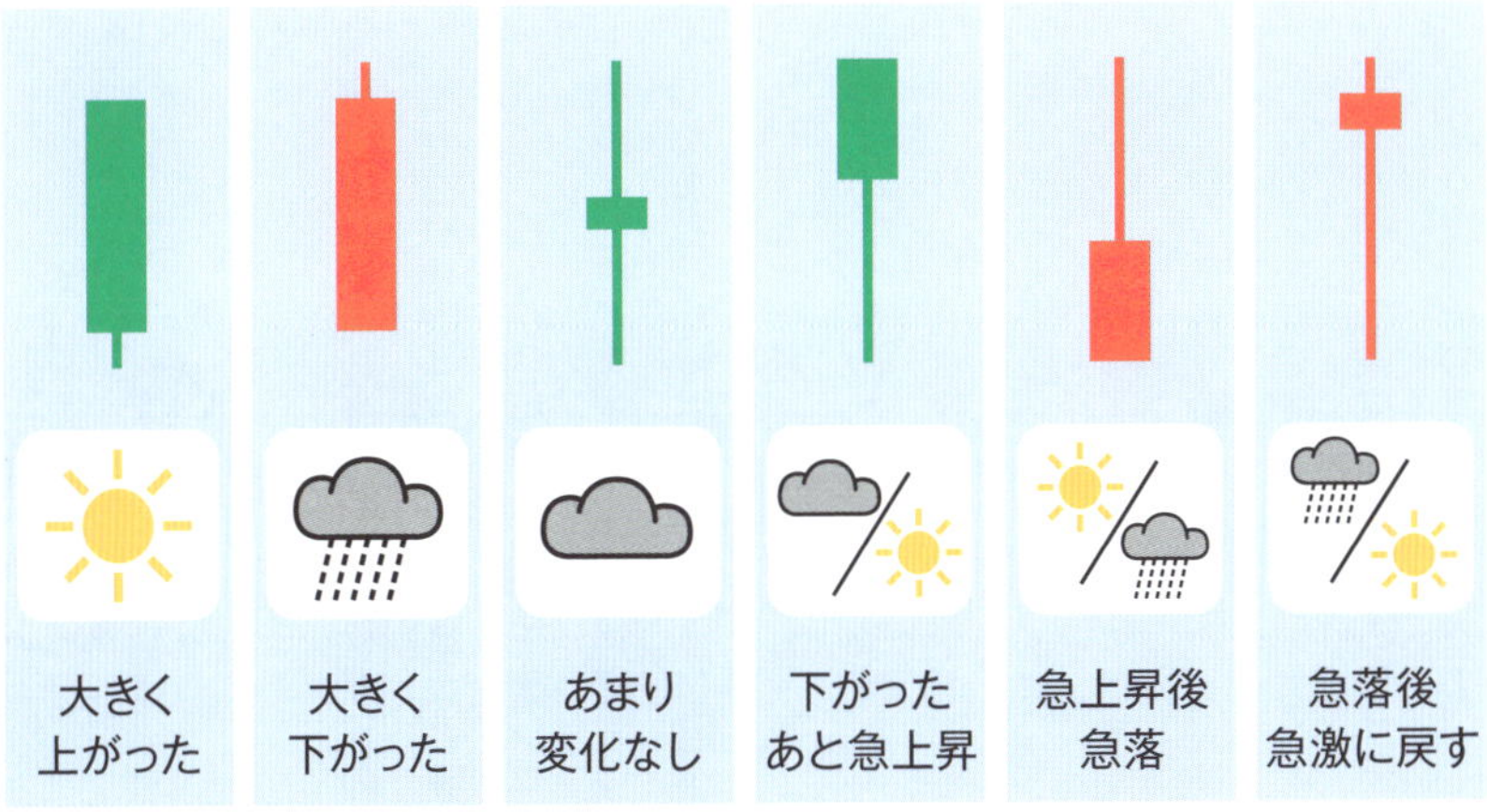

Lesson

2-10

相場の反転を読む！ローソク足で未来を予測！

ローソク足チャートを見れば、実体部分や上ヒゲ・下ヒゲの長さ、全体の形状などで、期間中に起こった値動きのニュアンスをリアルに振り返ることができます。

　中でも為替レートの上昇が続いて相場が天井圏だったり、下落が続いて大底圏のとき、特徴的なローソク足やその組み合わせが出現すると相場が大反転する前兆と見なします。

天井圏・大底圏に出る特徴的なシグナル

たとえば、相場の天井圏で出現した「非常に長い上ヒゲ」は、勢いよく急上昇したものの、途中で急激に失速した値動きを示しており、上昇の勢いの衰えが明らかです。

　前日に実体部分の大きな「**大陽線**」が出現して急上昇したものの、当日にそれを完全に打ち消すような、さらに実体部分の長い「**大陰線**」が出現したときも、相場が天井を打って下落に転じるシグナルになります。

　陽線が出たあと、始値と終値が同じレートの「**十字線**」と呼ばれるローソク足が出現した場合は相場が迷っている証拠です。次に大陰線が登場すると、前後3つのローソク足の組み合わせは「**三川《さんせん》宵《よい》の明星《みょうじょう》**」と呼ばれ、古くから相場の反転下落シグナルとされてきました。天井圏同様に大底圏でも特徴的なローソク足が出現すると、相場が底打ちし反転上昇するシグナルと見なされます。

　一方、レンジ相場の上限や下限を突き破る大陽線や大陰線の出現は、横ばい相場の終了と上昇もしくは下降トレンド入りのシグナルです。

　このようにローソク足の〝カタチ〟から値動きの未来を予想するのがテクニカル分析の第一歩なのです。

ローソク足やその組み合わせから未来が読める

■相場の天井圏で出たら要注意

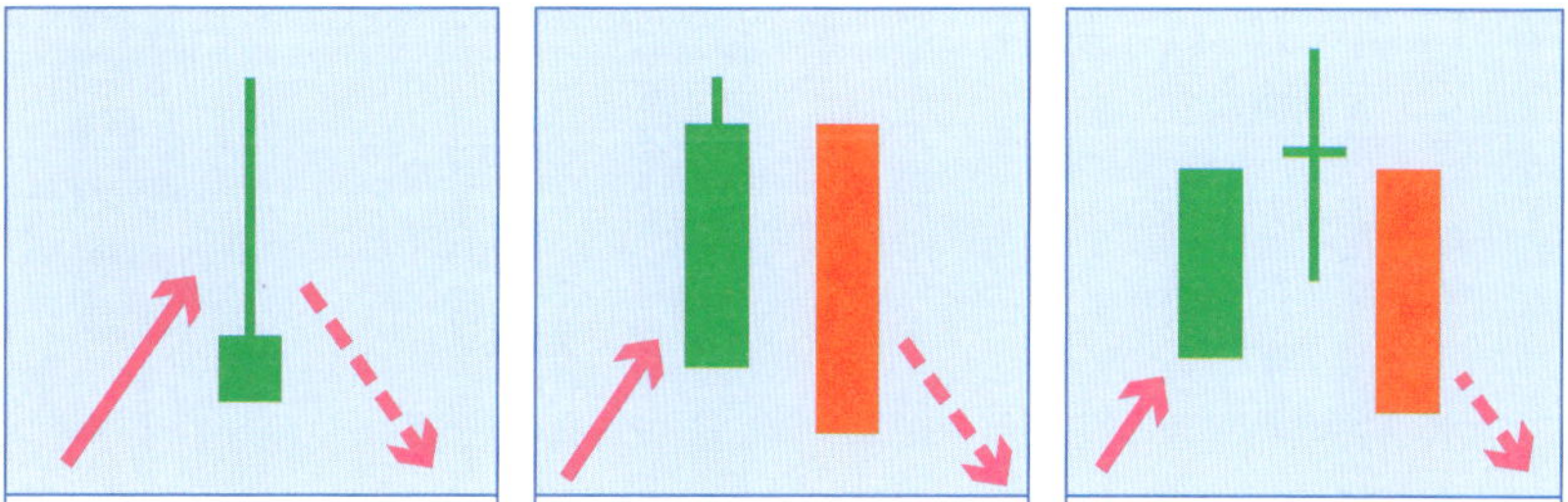

上ヒゲが極端に長い

前日の急上昇を
打ち消す急落

十字線が登場。
その後、急落

■相場の大底圏で出たら要注意

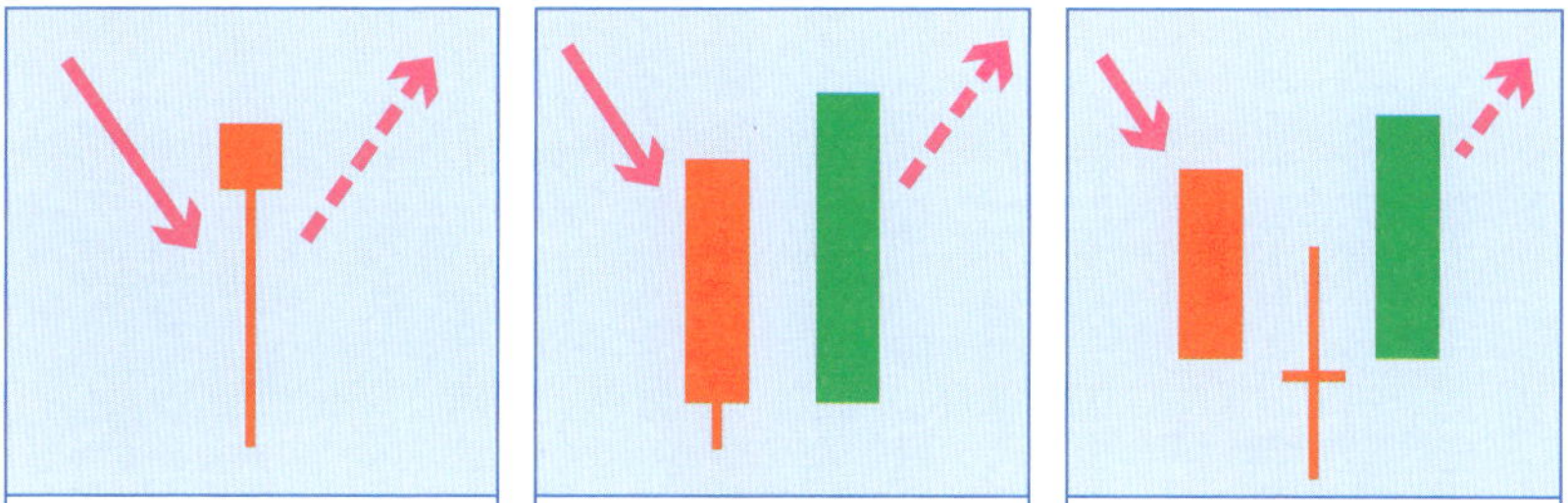

下ヒゲが極端に長い

前日の急落を
打ち消す急上昇

十字線が登場。
その後、急上昇

■トレンドの再加速を察知

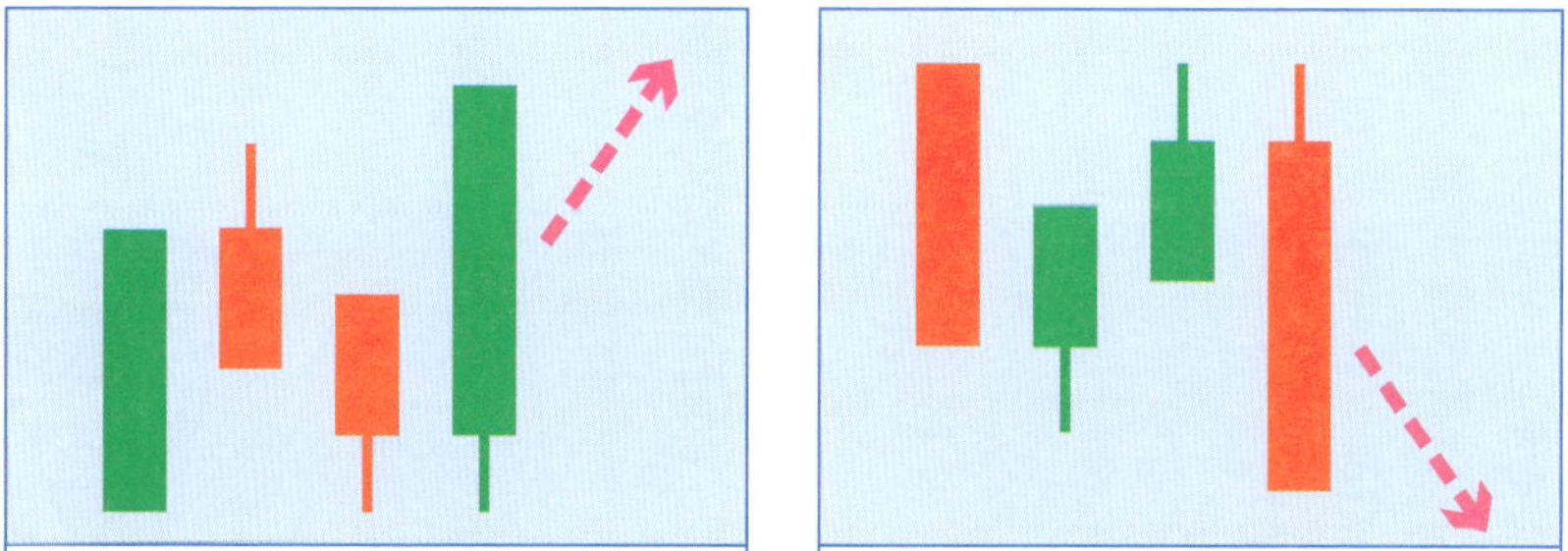

急上昇後、下落するも再び急上昇
→上昇トレンド加速

急落後、上昇するも再び急落
→下降トレンド加速

Lesson

2-11 「トレンドライン」を引けば相場のトレンドと未来がわかる

チャート上のトレンドをビジュアル化するために、相場の高値同士、安値同士を結んだ線で、過去の値動きがすっぽり収まるようなラインを引くのが「トレンドライン」といわれる分析法です。

高値同士を結んだ線は、過去に値動きがその線の外側に出たことがなく、上昇を阻む壁のような存在になっているため、「レジスタンスライン（上値抵抗線）」といいます。

逆に安値同士を結んだ線は過去の下落を跳ね返してきたため、「サポートライン（下値支持線）」と呼びます。

為替レートがレジスタンスラインとサポートラインの間で値動きしている間は、今あるトレンドが継続しているシグナルになります。上昇トレンドの場合は、為替レートがサポートライン近辺まで下げたあと、再び上昇したところで押し目買いを狙います。また、上値の壁だったレジスタンスラインを超えて上昇速度が加速したら追随買いします。

逆に下降トレンドなら、為替レートがレジスタンスライン近辺まで上昇したあと再下落したところで戻り売り、サポートラインをブレイクして下落が加速したら追随売りが基本の売買戦略になります。

トレンド転換の貴重なシグナルに

上昇トレンドのときにサポートラインを割り込んで下落したり、下降トレンドのときにレジスタンスラインを突き破って上昇したら、今のトレンドが終わり、トレンド転換したシグナルになります。その場合は、売買の方向性を１８０度切り替え、これまでと逆方向の新トレンドに沿った取引を開始するのが基本です。

トレンドラインとは？

チャート上の高値同士を結んだレジスタンスライン（上値抵抗線）安値同士を結んだサポートライン（下値支持線）のこと

■トレンドラインと売買ポイント

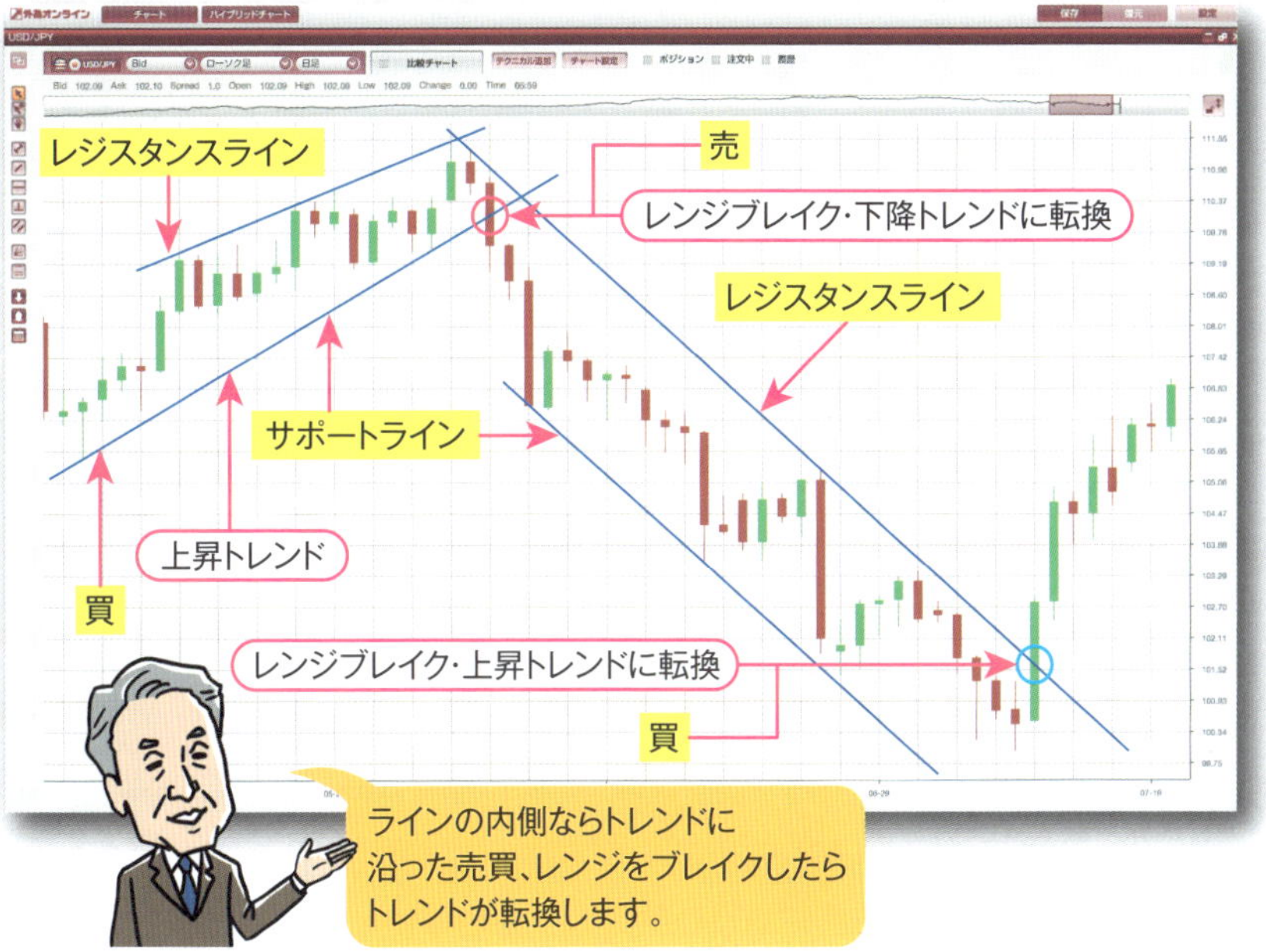

■一般的なチャート画面の見方（例=外為オンライン）

① 通貨ペア
ここではドル／円

② 売値（Bid）か
買値（Ask）の表示

③ 足の種類（日足、
週足、1時間足、
15分足など）

Lesson

2-12

値動きの形状で未来を読む「チャートパターン分析」

　相場はどんなトレンドのときも上下動を繰り返し、山や谷、「保ち合い」と呼ばれるレンジ相場などを形成して値動きします。こうした値動き自体の形状に注目して未来予測を行うのが「**チャートパターン**」と呼ばれる分析法です。

　チャートパターンには「**反転型**」と「**中段保ち合い型**」の2つがあり、「反転型」は相場の天井圏や大底圏で出現するとトレンドが大転換する強いシグナルになります。

　上昇トレンドが終わり下降トレンドへ大転換する際によく出現するのが、「**ダブルトップ**」「**トリプルトップ**」と呼ばれるパターンです。

その後の相場予測にも使えるのが魅力

　「ダブルトップ」は相場の天井圏で2度、ほぼ同じ高値をつけたあと、「**ネックライン**」と呼ばれる安値を割り込んで下落したら完成です。完成後は、最高値からネックラインまでの値幅分、さらにネックラインよりも下へ急落するといわれています。

　大底圏で出現する反転上昇シグナルには「**ダブルボトム**」「**トリプルボトム**」などがあります。

　上昇もしくは下降トレンドの途中に出現するレンジ相場には、「中段保ち合い型」と呼ばれる特徴的なパターンがよく出現します。最も有名なのは二等辺三角形を横に寝かしたように上下動が狭まっていく「**三角保ち合い**」。膠着《こうちゃく》後に上か下に大きくブレイクしたら、その方向に便乗した取引を行いましょう。

　このように、パターン完成後の相場を予測できるのがチャートパターン分析の特長です。

チャート上の独特の形状＝チャートパターンに注目

■天井圏で出ると要注意のパターン

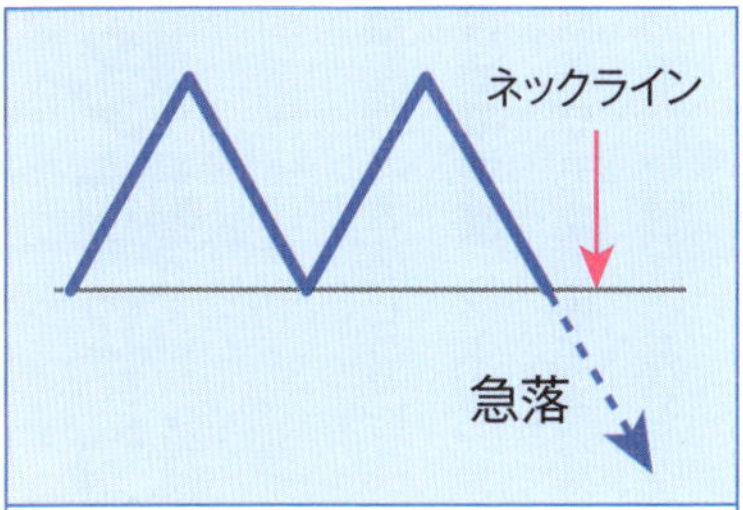

ダブルトップ

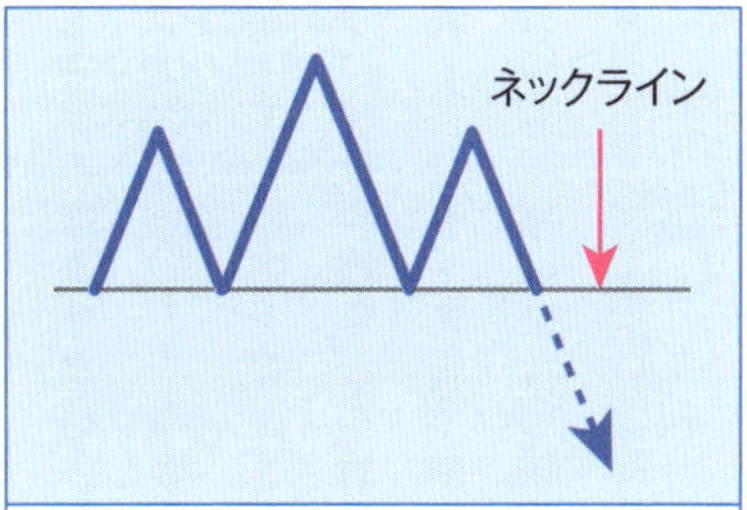

トリプルトップ（三尊天井）

■大底圏で出ると要注意のパターン

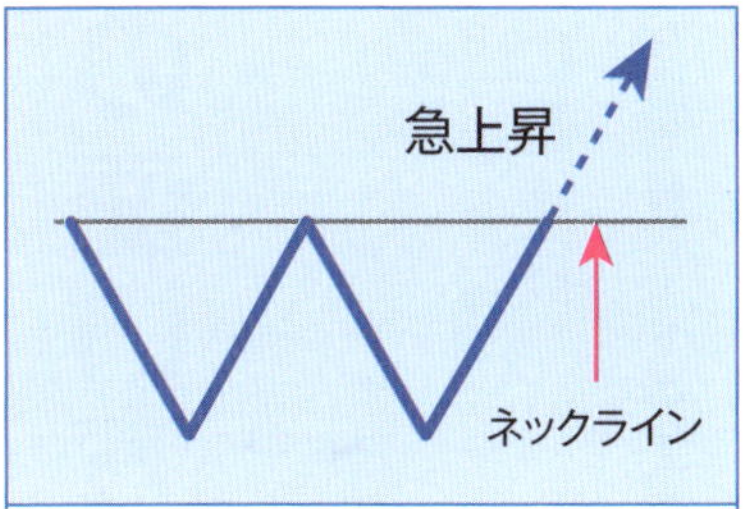

ダブルボトム

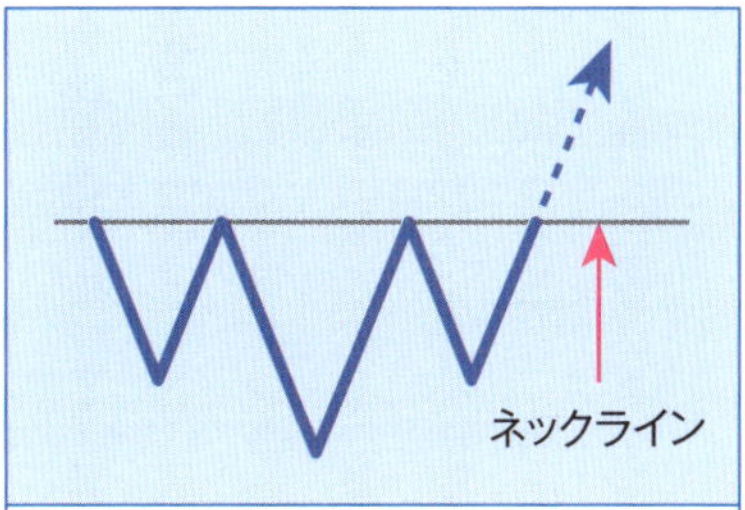

トリプルボトム

■横ばいトレンドでよく出るパターン

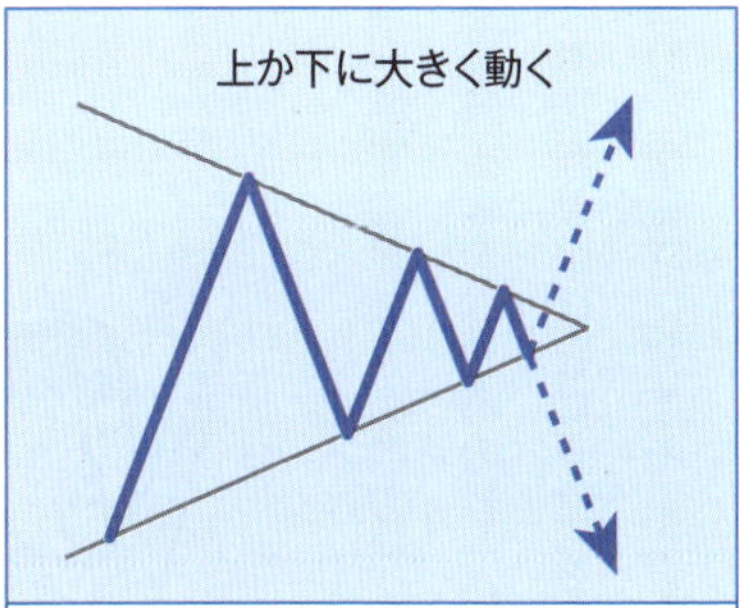

三角保ち合い（ペナント）

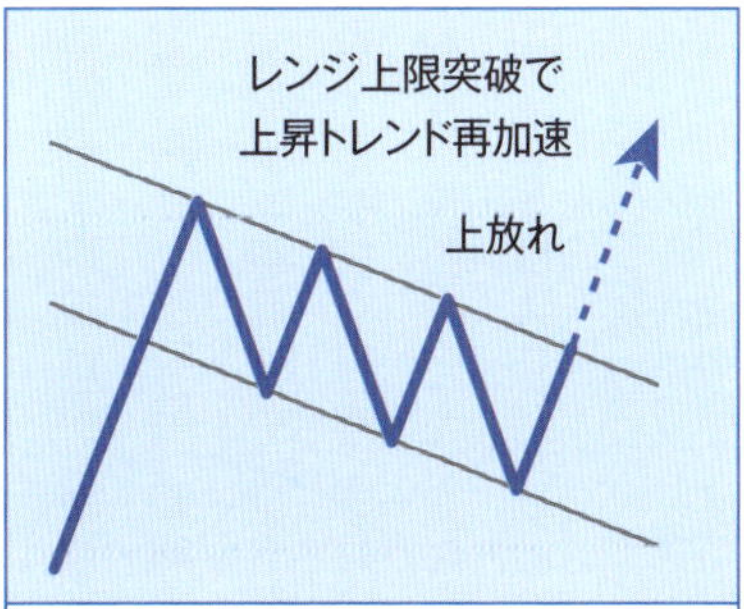

上昇フラッグ

Lesson

2-13

トレンド系テクニカル指標の王様「移動平均線」の使い方

トレンド系指標の中で最もポピュラーなのが「**移動平均線**」です。

移動平均線は設定した期間中の終値の平均値をつないで線にしたもので、その期間中の為替レートの平均的な値動きが一目でわかる仕組みになっています。日々の複雑な値動きが平均化され、なだらかな1本の線になっているのでトレンドを把握するのに最適です。移動平均線が右肩上がりなら上昇トレンド、右肩下がりなら下降トレンド、横ばいなら横ばいトレンドと、まずは「線の傾き」でトレンドを判断します。

位置関係やクロスにも注目

次に現在の為替レートと移動平均線の「位置関係」に注目します。

相場が横ばいもしくは右肩上がりの移動平均線を突き抜けて上昇した地点は絶好の買いポイントに。

上昇トレンドでは現在レートが移動平均線より上にあることが多いので、ローソク足が下にある移動平均線近辺まで下がったあと、再上昇に転じた地点が押し目買いポイントになります。

設定期間の異なる複数の移動平均線を同時に表示させるのも一般的です。期間が長いほど傾きはなだらかになり、値動きに対する反応も鈍くなります。逆に期間が短いほど傾きは急で、反応は敏感になります。

5日移動平均線と25日移動平均線の組み合わせなどでは、短期線が右肩上がりの長期線を上に突き抜けたら「**ゴールデンクロス**」で買い、右肩下がりの長期線を下に突き抜けたら「**デッドクロス**」で売りというように、長・短移動平均線の「クロス」も重要な売買シグナルです。

移動平均線はトレンド分析の王様

■移動平均線＝ある期間の値動きの平均値

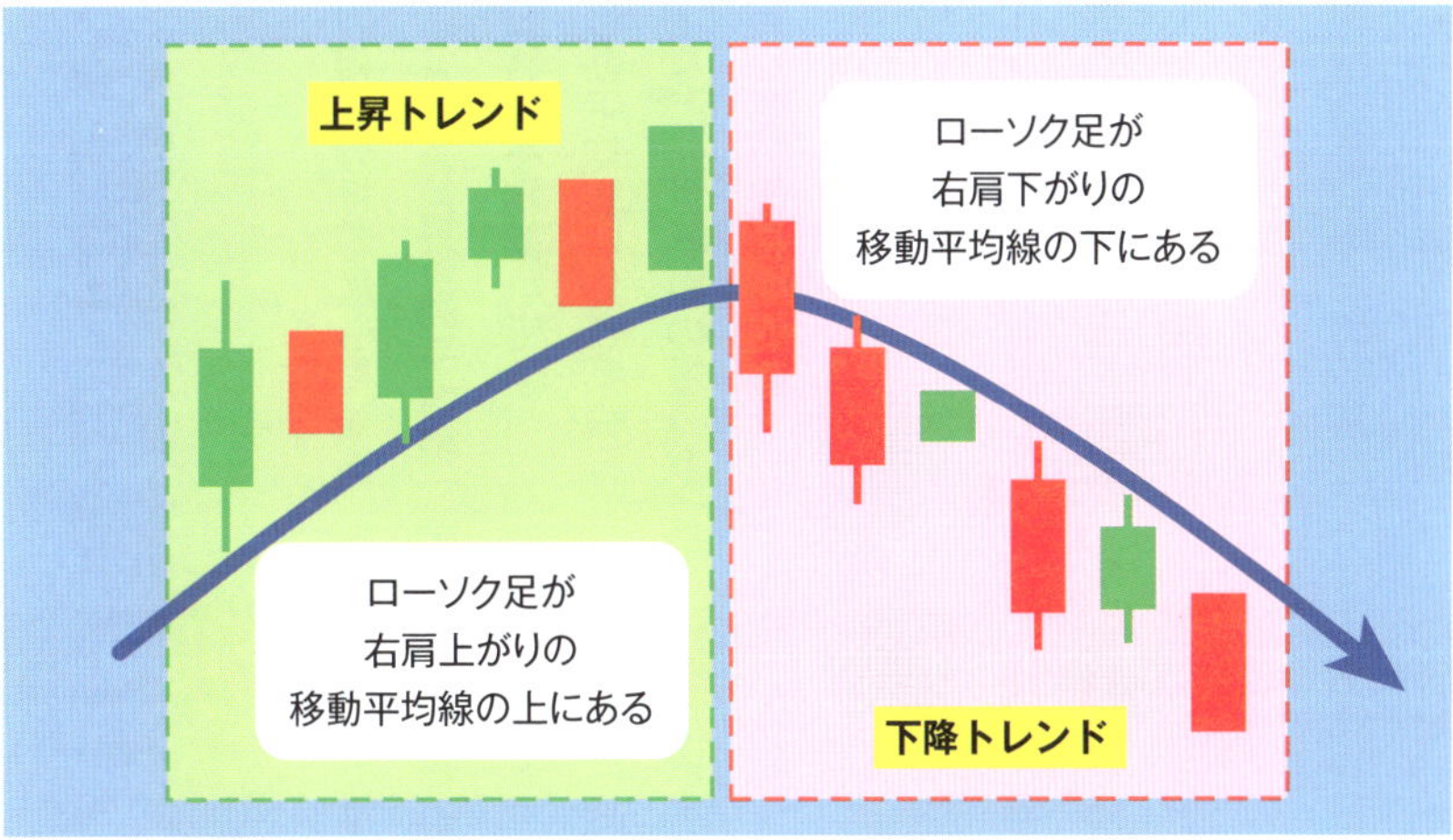

■移動平均線を使った売買法

為替レートと移動平均線

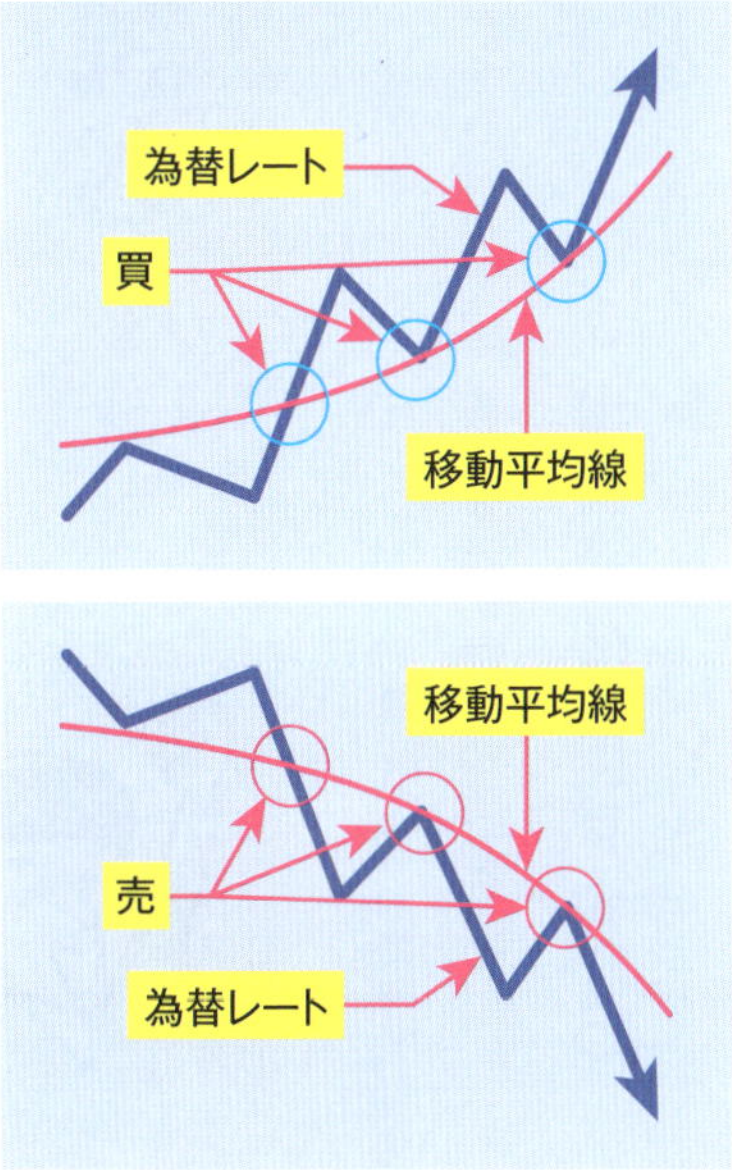

短期と長期の移動平均線のクロス

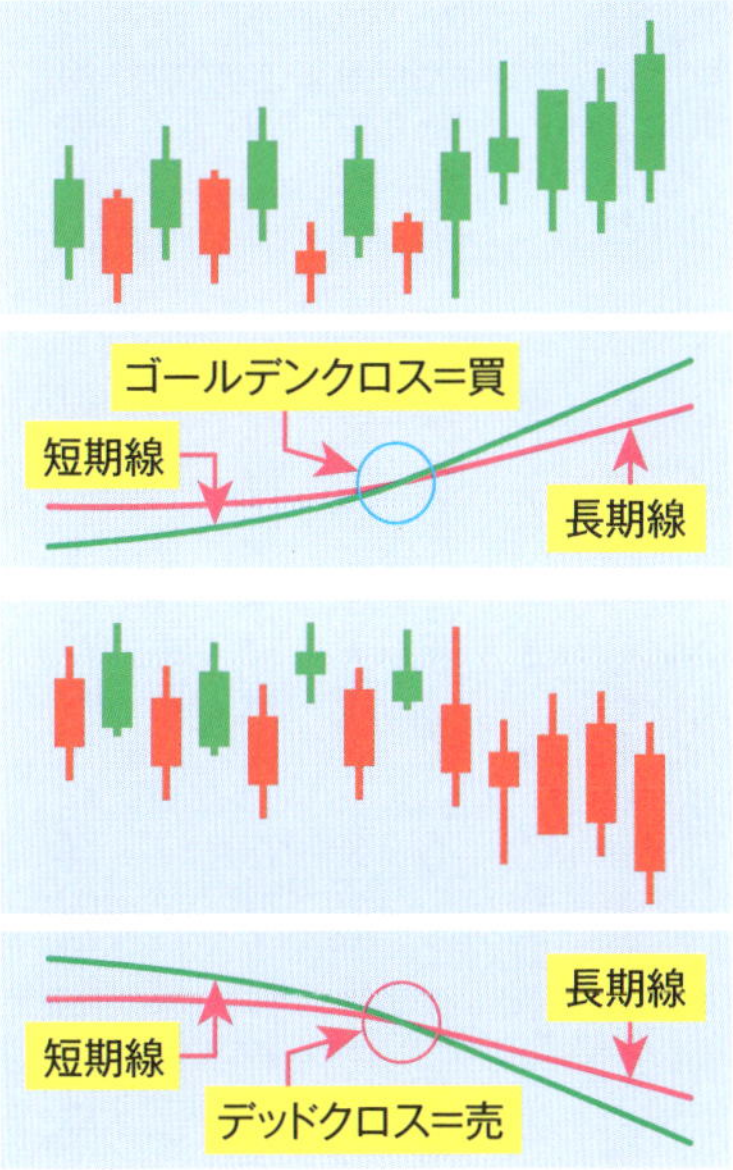

Lesson

2-14 著者オススメ！ 200日・120日移動平均線で大局を読む！

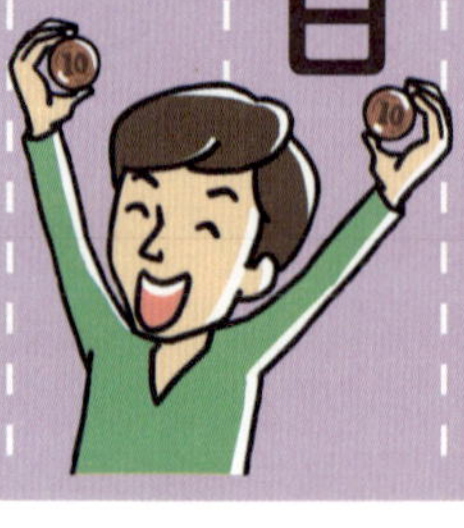

私が日々の相場分析で最も重要視しているのは「**200日移動平均線**」と「**120日移動平均線**」です。

200日移動平均線は外資系銀行のトレーダーなど、世界中の投資家の多くが注目している長期的なトレンドを示した移動平均線です。

200日移動平均線が右肩上がりで、為替レートがその上で推移していれば長期的な上昇トレンド、右肩下がりでレートが下なら下降トレンドと判断します。

200日線は為替レートの下落を阻む強力な支持線、上昇を阻む抵抗線として働くことが多く、上昇トレンド継続中に為替レートが200日線近辺まで下落後に再上昇を開始した場合は絶好の押し目買いポイントになります。下降トレンド継続中なら、為替レートが200日線を突き破れずに反転下落した地点が絶好の戻り売りポイントになります。

逆に上昇トレンド中の200日線割れ、下降トレンド中の200日線超えは今までのトレンドが大転換する強いシグナルになります。

200日線だけだと為替レートとの距離が離れている期間も多いので、より短い120日移動平均線も表示するのがいいでしょう。

投資家が注目するから当たりやすい

私はこれまで30年以上為替相場を見てきましたが、相場の値動きは不思議と200日、120日移動平均線近辺で下げ止まったり上げ渋ったりすることが多く、「本当に多くの投資家が注目しているんだな」と実感しています。多くの投資家が注目しているからこそ的中率も高い指標の代表例といえるのです。

200日、120日移動平均線に世界中の投資家が注目

**中長期のトレンドを示した
200日、120日移動平均線で
相場の大局観を養う！**

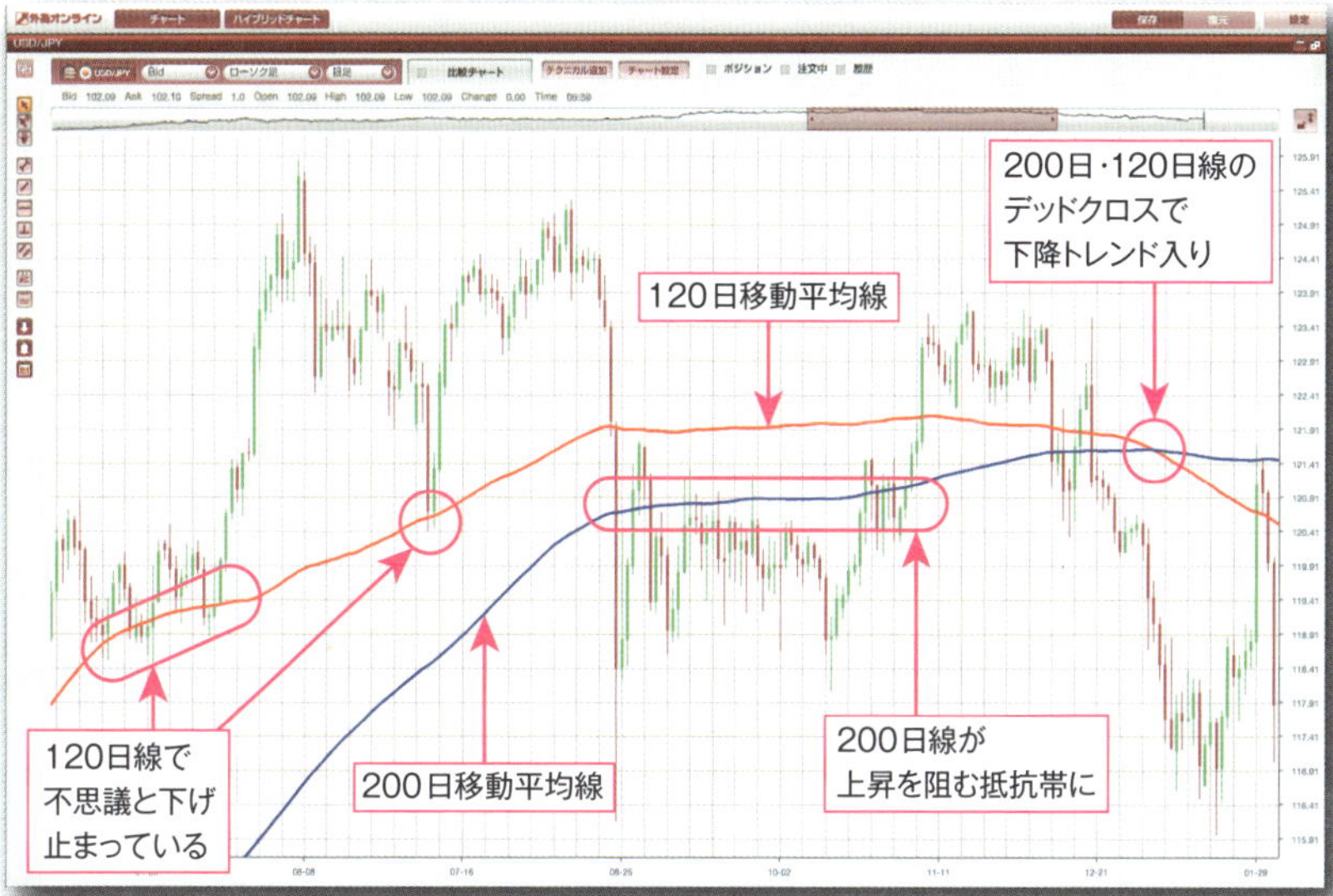
200日·120日線の
デッドクロスで
下降トレンド入り
120日移動平均線
120日線で
不思議と下げ
止まっている
200日移動平均線
200日線が
上昇を阻む抵抗帯に

佐藤正和
直伝
ポイント

FXでは大局観を持つことが大切 200日線はその指南役

200日、120日移動平均線は値動きを高みから俯瞰して、相場の大局観を養うための貴重な指標です。みなさんも取引する通貨ペアの日足チャートに表示して、その傾きや現在レートとの位置関係を参考に、長期的な相場展望を自分なりに立ててみましょう。

ドリル 3

このチャートはどんな相場かな？

問 1

図のチャートの値動きは上昇・下降・横ばいトレンドのどれにあたるでしょうか？　またAの買い、Bの買いはなんと呼びますか？

問 2

図のチャートの値動きは上昇・下降・横ばいトレンドのどれにあたるでしょう？　またAの売り、Bの売りはなんと呼びますか？

問3

図のチャートの値動きは上昇・下降・横ばいトレンドのどれにあたるでしょうか？　またAの買い、Bの売りはなんと呼びますか？

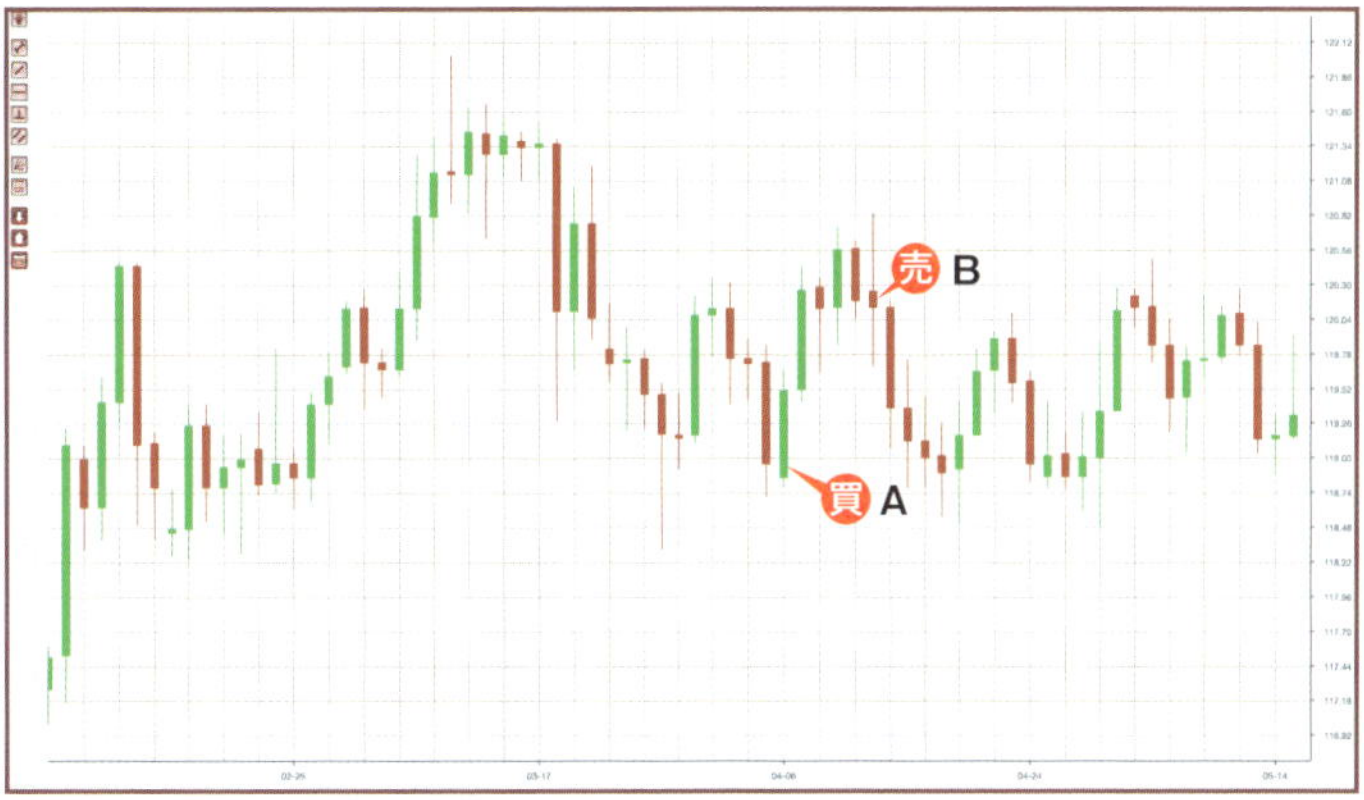

問4

図のチャートの値動きは上昇・下降・横ばいトレンドのどれにあたるでしょうか？

ドリル 4

トレンドラインを引いてみよう！

問1

図のチャートの値動きは上昇トレンドです。トレンドライン（サポートラインとレジスタンスライン）を1本ずつ引いてください。

問2

図のチャートの値動きは下降トレンドです。トレンドライン（レジスタンスラインとサポートライン）を1本ずつ引いてください。

問3

図のチャートの値動きは横ばいトレンドです。トレンドライン（レジスタンスラインとサポートライン）を1本ずつ引いてください。

問4

図のチャートではある地点でトレンド転換が起こっています。それがわかるようにトレンドラインを1本引いてください。どのトレンドからどのトレンドに転換しましたか?

ドリル 5

移動平均線を使ってみよう！

問 1

図はチャートに 25 日移動平均線を表示したものです。A～Eのエントリーポイントは移動平均線を使った 「上昇トレンドの押し目買い」 として正しいと思いますか、間違っていると思いますか?

問 2

図のチャートで、25 日移動平均線を使った売りの取引を行いました。A～Eはそれぞれ 「戻り売り」 「追随売り」 のどちらですか?

問3

図はチャートに10日移動平均線（青）と25日移動平均線（赤）を表示したものです。図の中から「ゴールデンクロス」「デッドクロス」を探し、このあとの値動きを予想してください。

問4

図は長期的なチャートに120日移動平均線（紫）、200日移動平均線（赤）を表示したものです。両移動平均線が値動きの支持帯・抵抗帯になった場所に印をつけてください。

ドリル 3~5の 答 え

ドリル3　問1

図のチャートは高値・安値が切り上がっているので「上昇トレンド」です。Aは、直近高値を更新した勢いに乗る「追随買い」、Bはいったん反転下落したあとの再上昇で買う「押し目買い」といいます。

ドリル3　問2

図のチャートは「下降トレンド」です。Aは、直近安値を更新した勢いに乗る「追随売り」、Bはいったん反転上昇したあとの再下落を狙って売る「戻り売り」といいます。

ドリル3　問3

図のチャートは横ばいで推移しているので「横ばいトレンド」です。中でも値動きが次第に小幅になっていることから「三角保ち合い」と呼びます。Aの買いは「下値買い」、Bの売りは「上値売り」と呼びます。

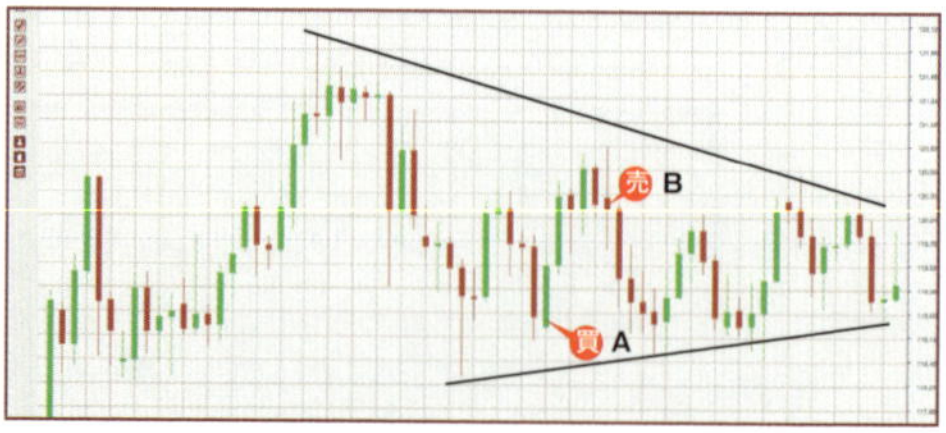

ドリル3　問4

図のAのゾーンは「下降トレンド」、Bは「横ばいトレンド」（もしくは下降トレンドが小休止した「下値保ち合い相場」ともいいます）、Cは「上昇トレンド」です。

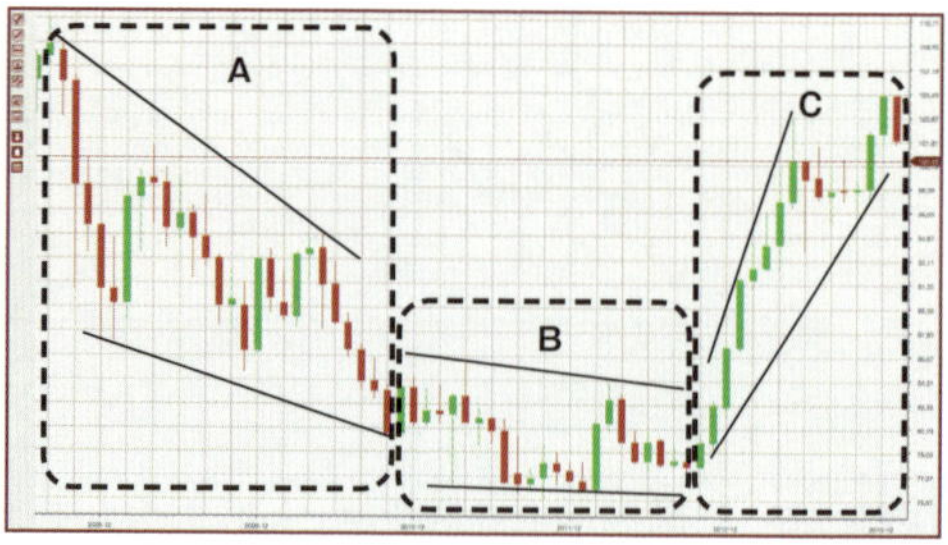

ドリル4　問1

実線が全体のサポートラインとレジスタンスラインです。その間の上昇→下落→上昇という細かい値動きに破線のようなトレンドラインを引くのも有効です。

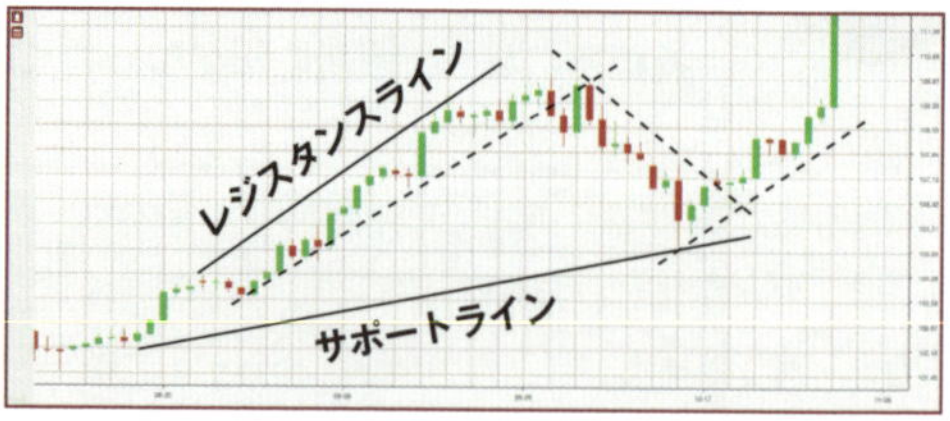

ドリル4　問2

実線が全体のレジスタンスラインとサポートラインです。その間の下落→上昇→下落の細かい動きに破線のようなトレンドラインを引くのも有効です。

ドリル4　問3

実線が全体のサポートライン、レジスタンスラインで、その値動きは三角保ち合いを形成しています。その間の下落→上昇に破線のようなトレンドラインを引くのも有効です。

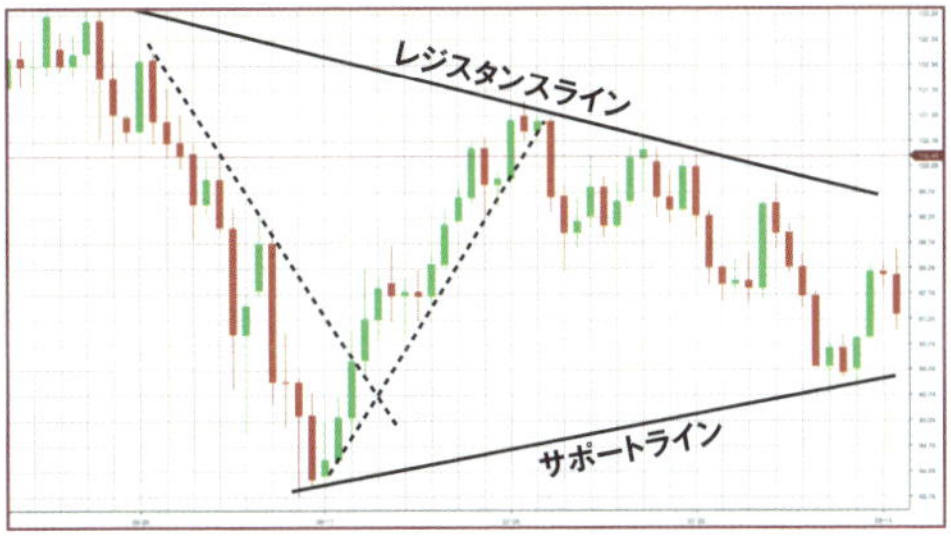

ドリル4　問4

トレンド転換の重要なシグナルになるのは、為替レートが、実線で引いた上昇トレンドのサポートラインを大きく割り込んだことです。その後は破線のレジスタンスラインに沿って下降トレンドに転換しています。

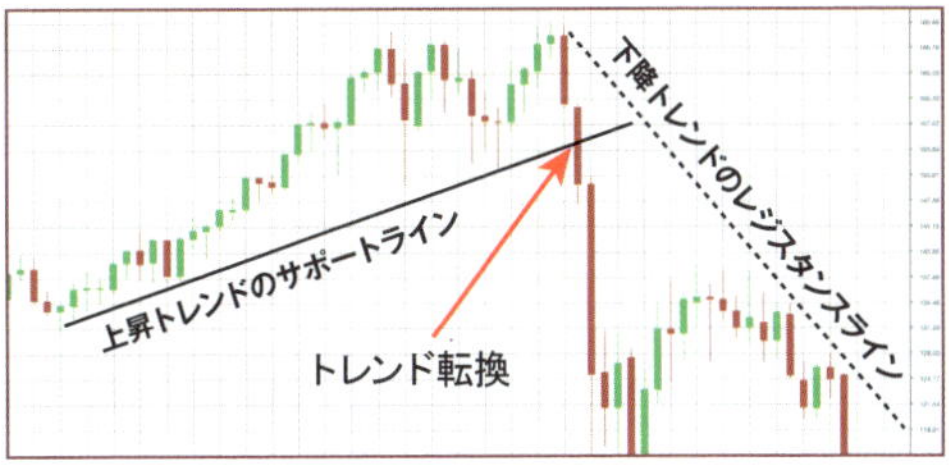

ドリル5　問1

為替レートがまだ下落中だったり、移動平均線を越えきっていない場合は上昇トレンドの押し目買いとはいえません。よってA、Bは「間違い」、C、D、Eは「正しい」と考えるのが妥当です。

ドリル5　問2

為替レートが再上昇後に移動平均線を割り込んで下落したら戻り売り、直近安値を越えて下落が加速したら追随売りと考えると、A、C、Eが「戻り売り」、B、Dが「追随売り」になります。

ドリル5　問3

それぞれのクロスは図に示した通りです。初めのデッドクロスはダマシに終わりましたが、次のデッドクロス後、為替レートは急落し、デッドクロスが下降トレンド入りのシグナルになりました。

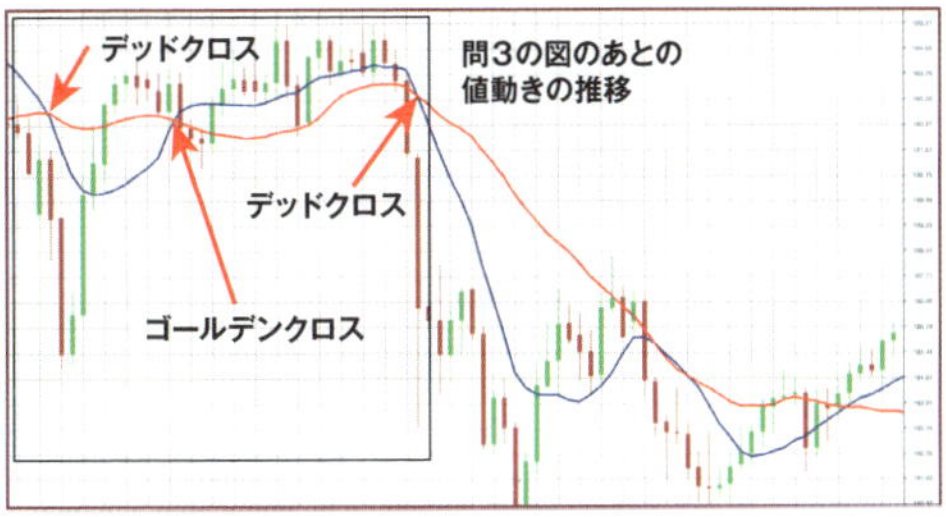

ドリル5　問4

図は上昇トレンドが頂点に達したあと、保ち合い相場が続き、その後、下降トレンド入りした値動きで、120日・200日移動平均線が図に示したところで抵抗帯として働いています。支持帯にはなっていません。

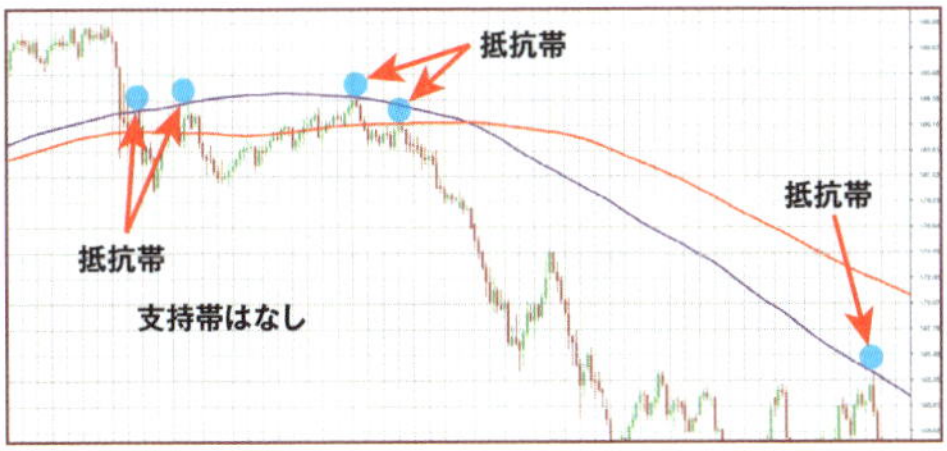

最初は3～5%、目標は8～10%。
FXの成績は利回りで考える

私が外資系銀行に入ったばかりのころ、ジュニアディーラーとして最大で100万ドルのポジションを5本まで持つことが許されていました。チーフディーラークラスではこの10倍～20倍のポジションが許容されます。「ポジション」とは保有している投資金額のことで「建玉（たてぎょく）」ともいいます。当時の米ドル／円レートで、100万ドルのポジションといえば総額10億円ほどになりますが、その資金で月1000万円儲かれば「今月は目標達成だ」と喜んだものです。年間にすると1億2000万円程度になり、利回り換算では約12%程度です。

このように、プロでも利回り10%で資金を増やせれば御の字です。

しかし、個人投資家の間では10%どころか、資産倍増、10倍増など、目標があまりにも非現実的になりがちです。

空前の低金利が続くいま、元本を利回り5%で増やすだけでも、超優秀といえます。計算上は利回り8%なら約10年で資産倍増に成功します。

たとえば、元手30万円で米ドル／円を1万通貨買った場合、1年間でドル／円のレートが3円円安に振れると含み益が3万円になり、30万円の元手を年率10%で運用することに成功した計算になります。まずはこのように元手に対して年間3～5%、欲張っても8～10%程度の利益を目指しましょう。

Lesson 3

チャートを使いこなして
資産を増やす！　応用編

Lesson

3-1

未来の変化が一目で判断できる日本生まれの「一目均衡表」

レッスン3では、実戦で役立つ、さまざまなテクニカル指標を紹介していきます。まずは日本生まれで海外でも人気の「**一目均衡表**」です。

その長所を端的にいうと、トレンド状況が一目でわかるだけでなく、為替レートが今後どういう動きをするか、未来の展望を立てやすい点にあります。その構成要素は、

「**転換線**」…過去9日間の高値と安値の中間値

「**基準線**」…過去26日間の高値と安値の中間値

「**雲**」…転換線・基準線の中間値と過去52日間の高値と安値の中間値をそれぞれ26日未来へ移動させた2つの線に囲まれた領域

「**遅行線**」…実際のチャート（日々線）を26日過去にずらした線

の4つ。線が複数、入り乱れて見にくく感じますが、慣れれば、多面的な分析や予測が可能になります。

雲は支持帯・抵抗帯トレンド転換の目安に

転換線と基準線は長・短移動平均線と同様、傾きや為替レートとの位置関係、両者のクロスをトレンド判断や売買ポイント探しに使います。

最もユニークな存在といえる雲は過去に激しく売買が行われた中心ゾーンで、その後の為替レートの下落を防ぐ支持帯や上昇を阻む抵抗帯として働きます。為替レートが雲の内部に入ると、過去の投資家の損益状況が変化するため、値動きが乱高下しやすくなります。

為替レートが、雲近辺まで下落したあと、再上昇に転じた地点は絶好の押し目買いポイントです。逆に雲の上限を割り込んで雲入りし、さらに雲の下限を越えて下落すると下降

一目均衡表を使えば相場の未来を見渡せる

一目均衡表の構成要素は4つ

転換線	基準線	雲	遅行線
基準線とのクロスでトレンド転換を判断	為替レートとの位置関係や傾きでトレンド判断	値動きの抵抗帯や支持帯として機能する	日々線とのクロスは値動き加速のシグナル

特に未来方向にせり出した「雲」は今後の値動きのガイダンス役に！

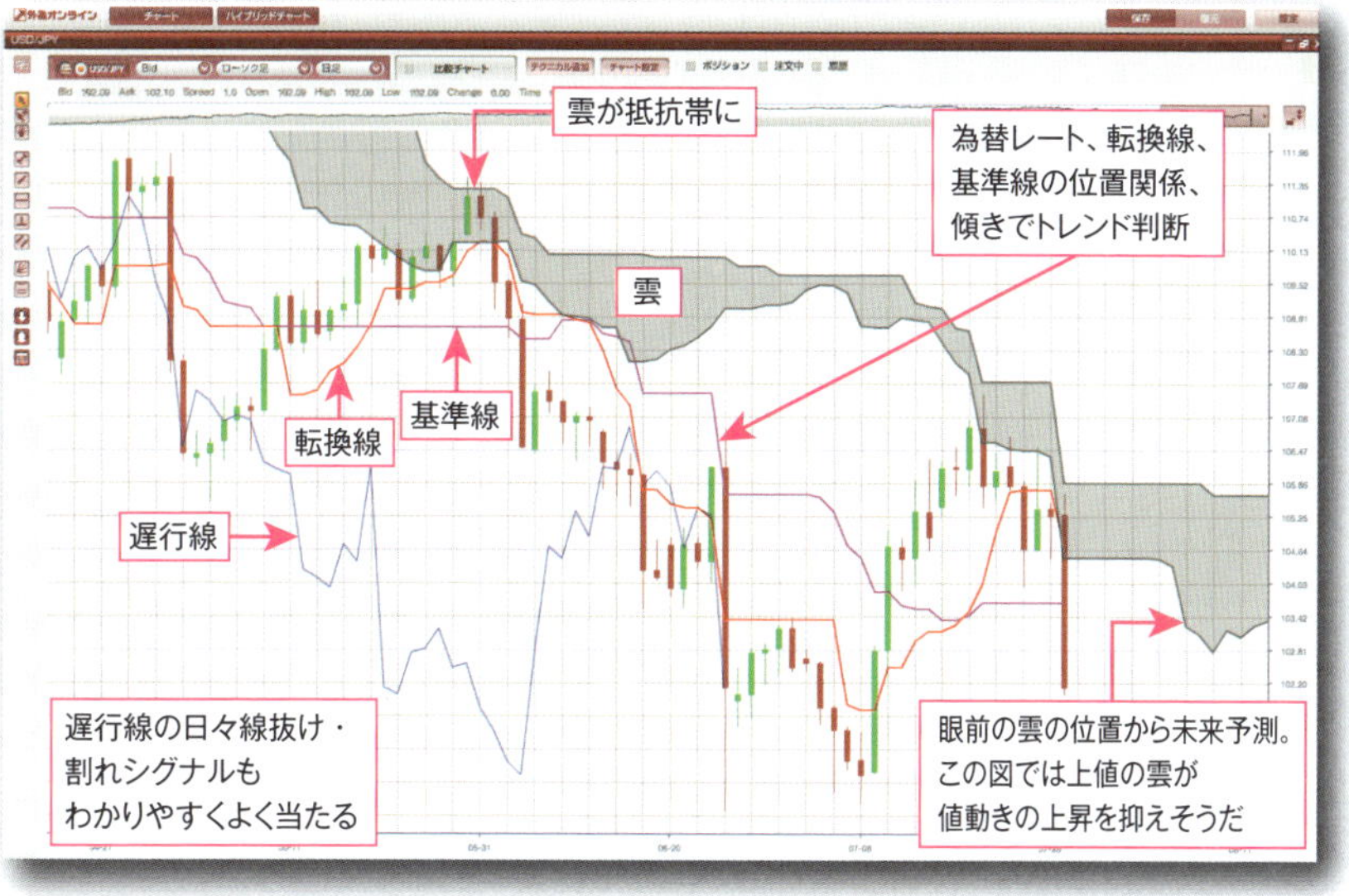
雲が抵抗帯に
為替レート、転換線、基準線の位置関係、傾きでトレンド判断
雲
基準線
転換線
遅行線
遅行線の日々線抜け・割れシグナルもわかりやすくよく当たる
眼前の雲の位置から未来予測。この図では上値の雲が値動きの上昇を抑えそうだ

トレンドに転換したと判断します。

一目の雲が素晴らしいのは、26日先までせり出しているため、「今後は雲に沿って動く」などと雲をガイド役に未来を予測できるからです。

遅行線と日々線のクロスは的中率が高い

さらに遅行線は、実際の値動き（日々線）を上に突き抜けると強い上昇、下に割り込むと強い下降シグナルに。シンプルですが、精度が高く使い勝手のいいシグナルです。ちなみに「転換線の基準線超え」「為替レートの雲超え」「遅行線の日々線超え」の同時発生は「三役好転」といって強い買い、逆の「三役陰転」は強い売りシグナルになります。

Lesson

3-2 為替相場の勢いや変動率を見る「ボリンジャーバンド」

　受験の偏差値にも使われる統計学の理論を取り入れた「**ボリンジャーバンド**」は、レンジ相場の逆張りにも、トレンド相場の順張りにも使える人気指標です。まず中央の移動平均線から「為替レートが平均してどれぐらい散らばっているか」という「標準偏差（＝**σシグマ**）」を計算し、移動平均線の上と下に±1σ、±2σ（ときには±3σ）のバンドを表示します。

　為替レートがバンドのどのへんにあるかで値動きの勢いがわかるだけでなく、中央の移動平均線やバンドの傾き・拡大・縮小でトレンドの方向性や強弱を判断できます。

横ばい相場では反転で逆張り

　統計学上、為替レートが±1σ内に収まる確率は約68％、±2σ内に収まる確率は約95％なので、特に±2σから値動きがはみ出したときは「行き過ぎ」と判断できます。そのため、横ばいトレンドなど相場がおだやかなときは「±2σからの反転で逆張り」が基本戦略です。

　ただ、為替相場は日々、大きく変動します。それまでの変動率からは、ありえないような急激な値動きが突然起こることも多く、為替レートが±2σを突き抜けたまま動き続けるのも日常茶飯事です。

順張りシグナル「バンドウォーク」

　特に、為替レートが±2σ上や±1～2σの間を一方向に急激に進む状況は「**バンドウォーク**」と呼び、格好の順張りシグナルになります。

　ボリンジャーバンドの長所はトレンド分析だけでなく、そのトレンド

相場の変動率が一目瞭然のボリンジャーバンド

ボリンジャーバンドの使い方

バンド拡大ならトレンド発生	➡	「バンドウォーク」で順張り
バンド縮小ならレンジ相場	➡	±2σを超えたら逆張り

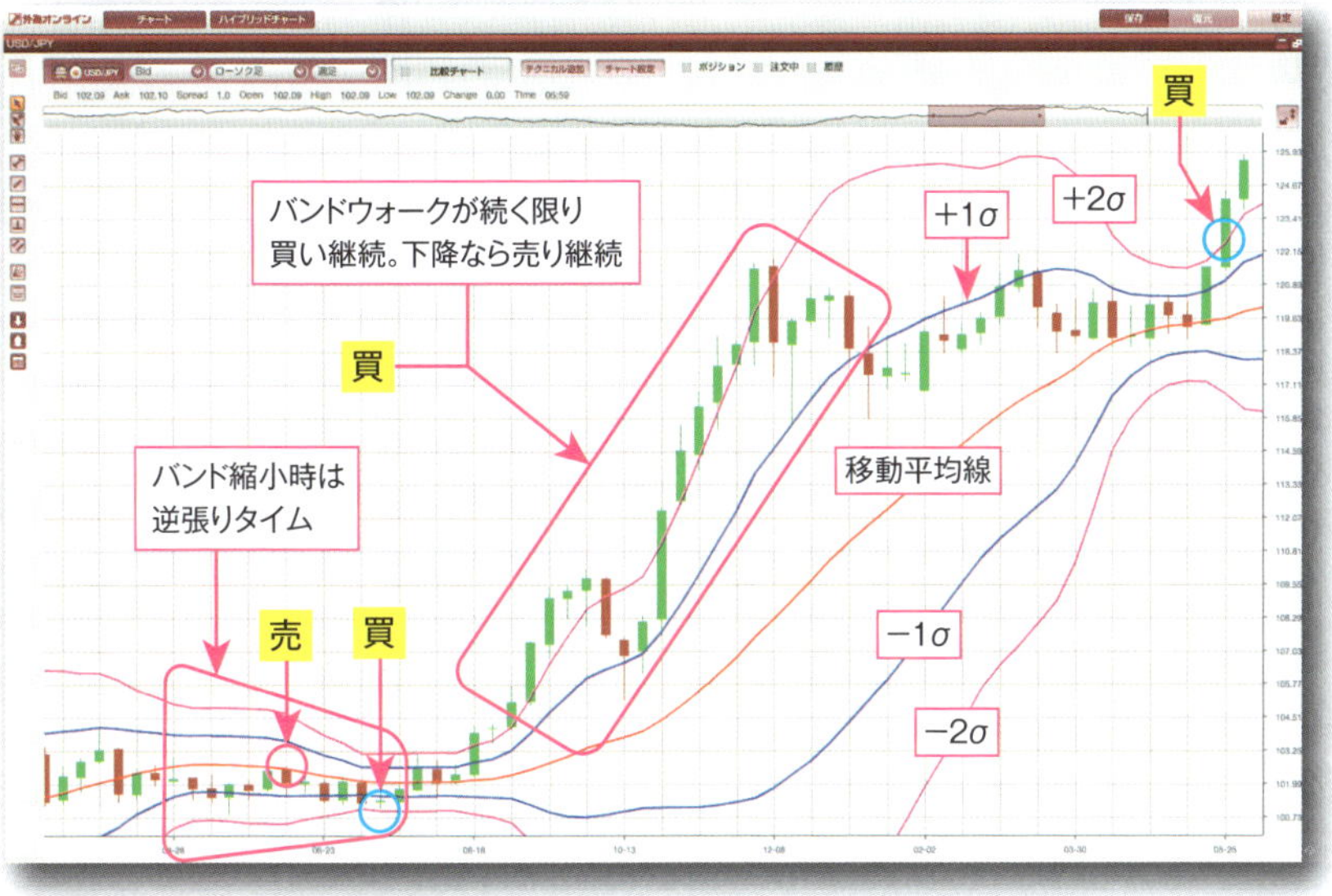

の強弱や勢いまでが手にとるようにわかることです。その反面、横ばい相場なら逆張り、強いトレンド相場なら順張りと、相場状況次第でいちいち180度正反対の判断を下さないといけないのが弱点です。

克服法としては、バンド幅が縮小傾向（「スクイーズ」と呼びます）のときは相場がおだやかなので逆張り、バンドが大きく拡大中（「エクスパンション」）のときはその方向に順張り、とバンド幅に注目する方法があります。さらに精度を上げたいなら、同じ逆張り指標の**RSI**や**ストキャスティクス**などオシレーター系指標でダブルチェックしたり、トレンド系指標の平均足と組み合わせて使うといいでしょう。

Lesson

3-3

相場の山と谷をとらえた売買ポイントがわかる「MACD」

「**MACD**」の計算式は非常にシンプルで「短期移動平均線－長期移動平均線」の値幅です。

　短期と長期の移動平均線の幅は値動きに勢いがあると、どんどん広がります。その間はMACDも勢いよく上昇もしくは下降し続けます。しかし、為替レートに勢いがなくなると、長・短移動平均線の幅が縮小するので、MACDの勢いも衰えます。MACDの上下動でトレンドの強弱を判断できるわけです。

　そんなMACDの使い方は、MACDとその移動平均である「**シグナル**」という線のゴールデンクロスで買い、デッドクロスで売りというのが基本です。

MACDのクロスでトレンド転換に早乗り

　MACDとシグナルのクロスは今あるトレンドが失速している証拠です。トレンドが完全に転換する前の失速段階で素早く次のトレンドに早乗りできるのがMACDの長所というわけです。むろん、早乗りシグナルですからダマシも多くなります。

　その克服法としては、MACDの「0ライン」に注目するのがいいでしょう。MACDの0ラインは長・短移動平均線の幅がゼロ、つまりゴールデンクロスもしくはデッドクロスが発生したことを意味します。

　そのため、MACDが0ラインより上なら上昇トレンド、0ラインより下なら下降トレンドというように、トレンド判断に利用できます。上昇トレンドは買いだけ、下降トレンドは売りだけで勝負するのが基本ですから、MACDとシグナルのクロスも、0ラインより上では「ゴールデンクロスで押し目買い」、0ラ

売買ポイントが非常にわかりやすいMACD

MACDの使い方

MACDがシグナルと0ラインより上でゴールデンクロス → 買い

MACDがシグナルと0ラインより下でデッドクロス → 売り

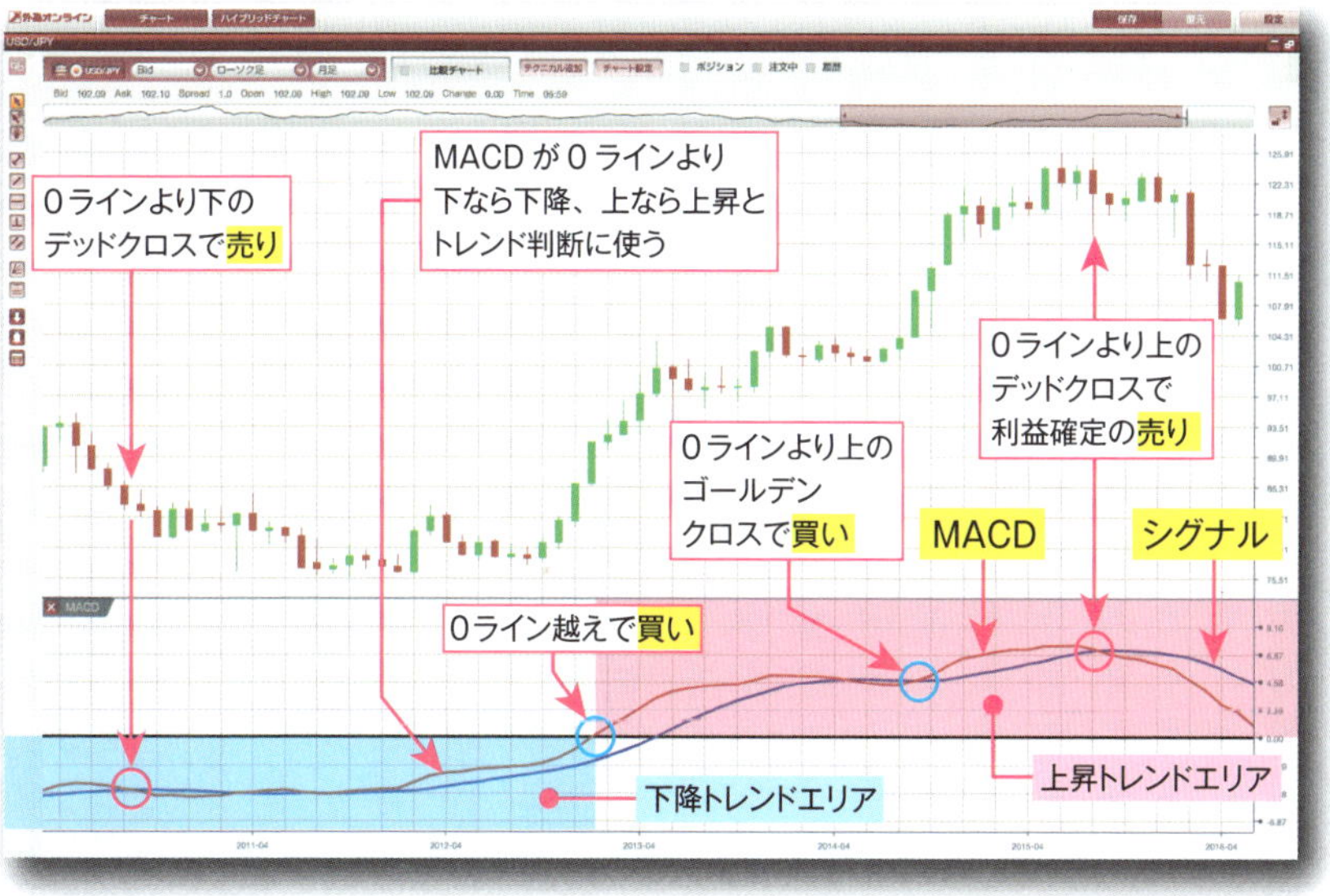
0ラインより下の
デッドクロスで売り
MACDが0ラインより
下なら下降、上なら上昇と
トレンド判断に使う
0ラインより上の
デッドクロスで
利益確定の売り
0ラインより上の
ゴールデン
クロスで買い
MACD
シグナル
0ライン越えで買い
上昇トレンドエリア
下降トレンドエリア

インより下では「デッドクロスで戻り売り」という、トレンドに沿った売買にだけ使えばダマシ回避に役立ちます。また、エントリーだけでなく、素早い利益確定など決済シグナルとしても非常に重宝します。

トレンド相場に強く もみ合い相場に弱い

MACDとシグナルのクロスは、上下動のメリハリがはっきりしたトレンド相場では非常に的確に相場の山と谷をとらえてくれます。しかし、もみ合いが続く横ばい相場が苦手で、MACDとシグナルがもつれ合って判断不能に。そういった場合はほかのテクニカル指標を使うか、潔く様子見に徹しましょう。

Lesson

3-4

トレンドの強さがわかる「RSI」は利益確定に活用！

「RSI」はオシレーター系指標の代表格です。その仕組みは、ある期間の平均値幅に占める上昇した値幅の割合を指数化したもので、0（%）から100（%）の間を行ったり来たりし、70以上だと強い上昇、30以下だと強い下落と考えます。

一般的には、RSIが70以上のときは「買われ過ぎなので売り」、30以下のときは「売られ過ぎなので買い」という逆張り指標と見なされています。しかし、そうした逆張りはレンジ相場でしか通用せず、強い上昇や下降が続くトレンド相場では逆に大失敗してしまいます。

FX取引の基本は順張りトレンドフォローですから、RSIも順張りで使うべきなのです。そのために注目したいのが、RSIが上下動している「稼動レンジ」です。

逆張り以上に順張りで効果を発揮

RSIはトレンドの勢いが強まると、50を境に上下どちらか一方に張り付く傾向が顕著になります。反対に横ばいトレンドのときのほうが上下動の幅が大きくなりがちです。この性質を利用し、**トレンド系指標を使ってエントリーしたあと、RSIが分岐点の50を超えて30以下や70以上に張り付いている間はトレンド継続と判断してホールド（継続保有）。30を超えたり、70を割り込んだりしてトレンドが失速したら利益確定、といったトレンドフォロー取引の利益確定シグナルに使えます。**

当然、エントリーの際もほかのトレンド系指標でトレンドを確認したうえで、RSIの30や50超えで買い、50や70割れで売りと判断すれば、迅速なエントリーが可能です。

トレンドの強弱や過熱感・失速がわかるRSI

RSIは逆張りでなく順張り、新規取引でなく決済に使う

★戦略①

RSIが50より上 ➡ 上昇継続

RSIが50より下 ➡ 下降継続

★戦略②

RSIの70割れ ➡ 買いの利益確定

RSIの30超え ➡ 売りの利益確定

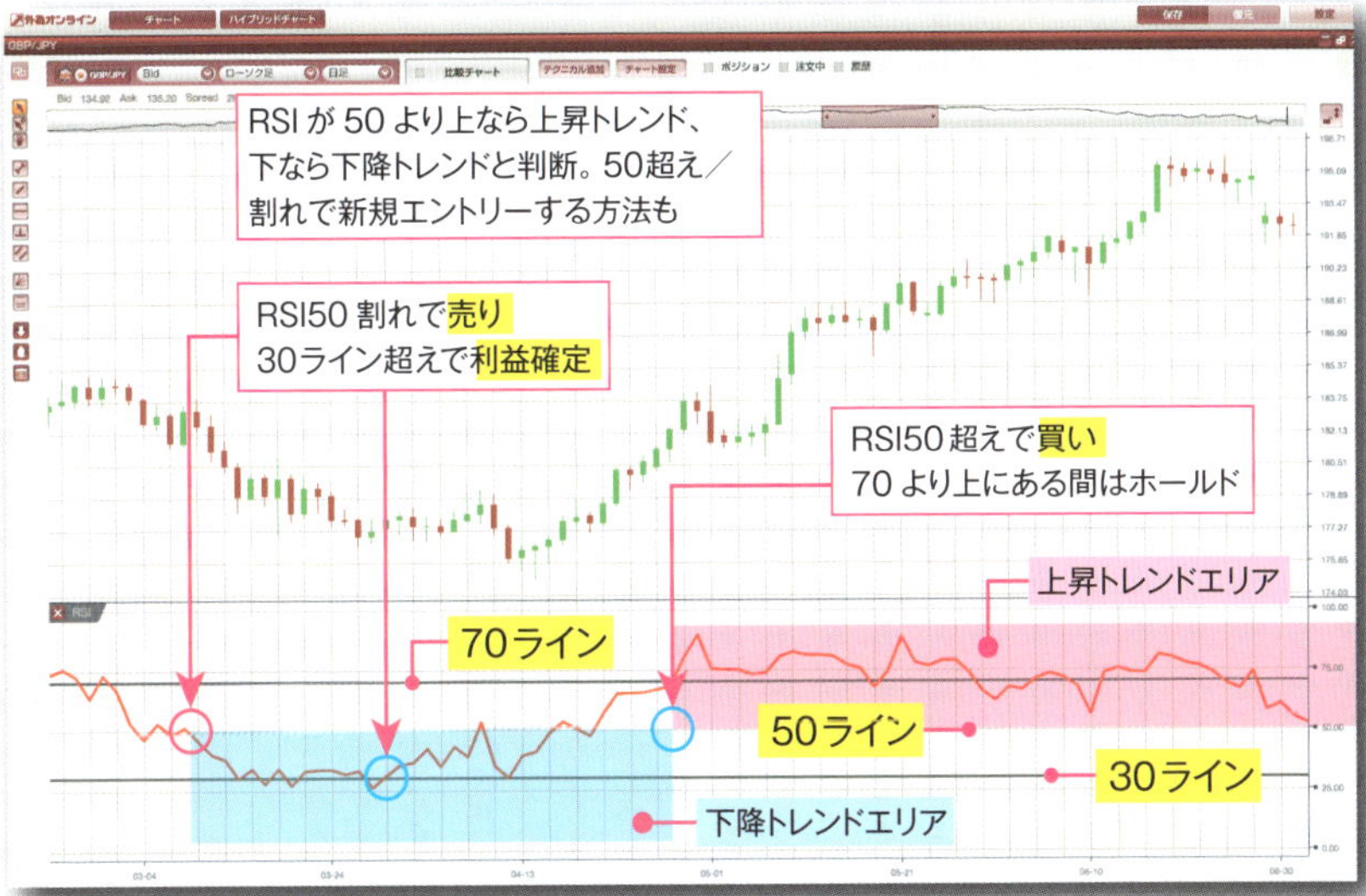
RSI が 50 より上なら上昇トレンド、下なら下降トレンドと判断。50超え／割れで新規エントリーする方法も
RSI50 割れで売り
30ライン超えで利益確定
RSI50 超えで買い
70 より上にある間はホールド
上昇トレンドエリア
70ライン
50ライン
30ライン
下降トレンドエリア

佐藤正和直伝ポイント

ダマシの多いオシレーター系は トレンド系指標とセットで使う

RSIはダマシが多いので必ずトレンド系指標といっしょに使ってください。横ばい相場で逆張りに使うときも同様です。その長所は値動きに対する反応が速く、素早い取引ができること。いわばテクニカル指標の“スパイス”的な存在なのです。

Lesson

3-5 下げ幅上げ幅を黄金比で分析する「フィボナッチリトレースメント」

ピラミッドの底辺と高さやモナリザの顔立ちなど、人間の造形物や芸術作品の多くは「**黄金比**」でできているといわれます。

黄金比とは1：1・618の比率のことで、前2つの項を足した数が次項になる「フィボナッチ数列」という数列から算出されたものです。

FXの値動きも人間の欲望や感情が作り出した造形物と考えれば、黄金比の影響を受けても不思議ではありません。そこで過去の象徴的な高値と安値を結び、その値幅の間に黄金比を適用して、為替レートの高値からの押し目や安値からのリバウンドの目安となるレートを測定するのが「**フィボナッチリトレースメント**」と呼ばれる値幅予測法です。

トレンド転換のポイント探しに有効

適用される比率は、高値と安値の値幅の23・6％、38・2％、50％、61・8％、76・4％など。FX会社の描画ツールを使えば、いちいち計算しなくても簡単にその比率が位置するレートを表示できます。

使用法としては、上昇が続いた相場が下落に転じたとき、いったい、どこで下げ止まるかの予測や、下落後の反転上昇がどこで失速するかの目安に使うのが一般的です。

多くの投資家が黄金比を意識していることもあり、実戦でも不思議と下げ止まりや上げ渋りのポイントとぴったり重なります。そのため、「フィボナッチリトレースメントの50％を割り込んだから次の支持帯は61・8％ラインだ」と、支持帯や抵抗帯、相場が転換する節目探しにも非常に役立ちます。

一般的な相場予想でも「半値戻し」

フィボナッチリトレースメントで未来の値幅を予測

フィボナッチリトレースメント＝黄金比を使った値幅予測

過去の高値と安値の値幅の
38.2%　50%　61.8%　などは
その後の支持帯・抵抗帯になりやすい

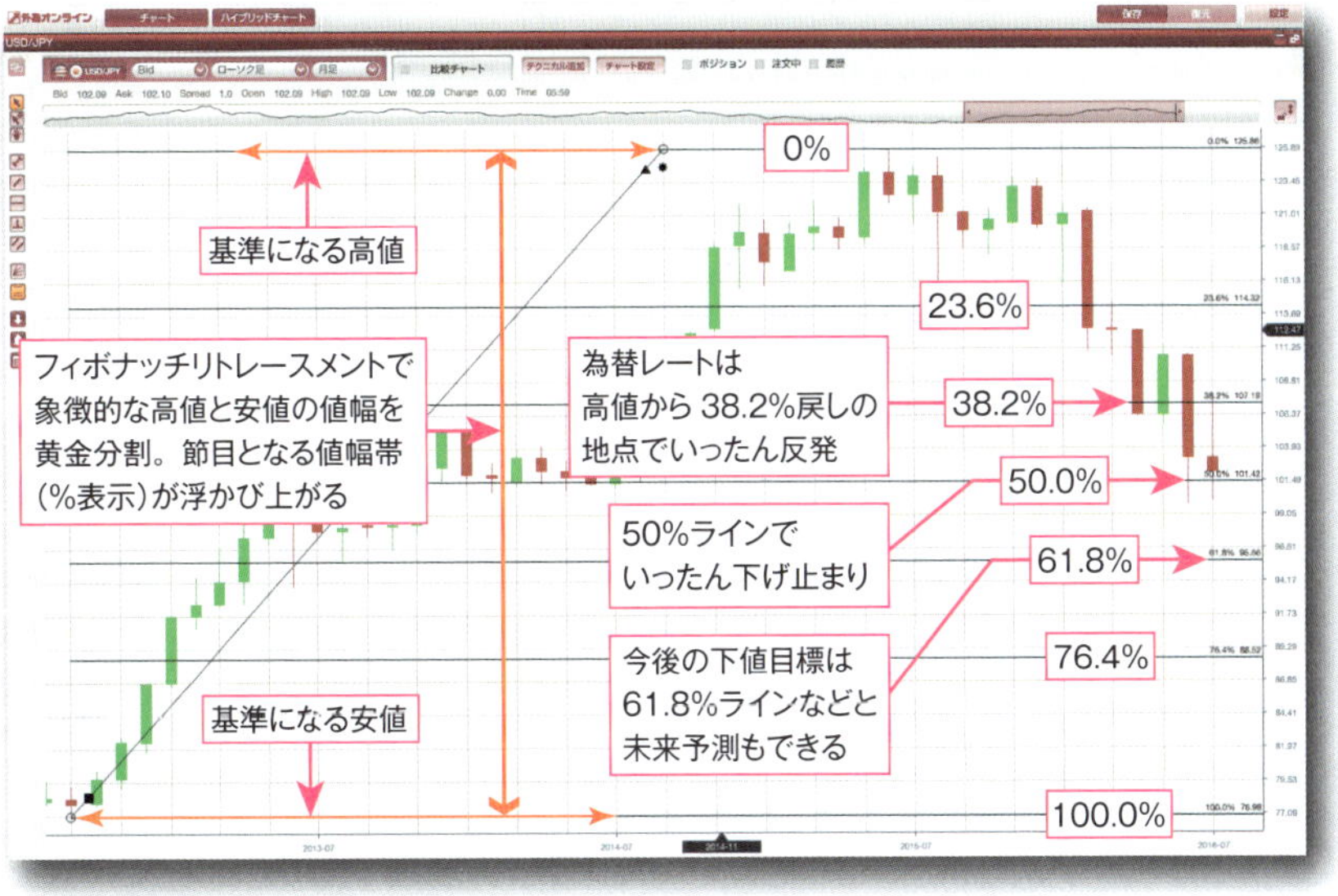
0%
基準になる高値
23.6%
フィボナッチリトレースメントで
象徴的な高値と安値の値幅を
黄金分割。節目となる値幅帯
(%表示)が浮かび上がる
為替レートは
高値から38.2%戻しの
地点でいったん反発
38.2%
50.0%
50%ラインで
いったん下げ止まり
61.8%
今後の下値目標は
61.8%ラインなどと
未来予測もできる
76.4%
基準になる安値
100.0%

「3分の1押し」「3分の2戻し」などが値幅予測の目安になっていますが、これらが黄金比率とほぼ一致しているのは興味深いところです。

トレンド系シグナルの補強材料として使おう

むろん、黄金比はあくまで目安で、**実戦ではトレンド系指標でまずエントリーポイントを探しましょう。**そのポイントがフィボナッチリトレースメントで見ても値動きの節目だった場合はエントリーの精度が高くなります。たとえば、移動平均線のゴールデンクロスが過去の高値と安値の値幅間の61・8％ラインで起これば、そのシグナルの精度は高いと判断できるのです。

Lesson

3-6 命中精度を高めるコツ テクニカル指標の組み合わせ！

テクニカル指標の売買シグナルはFXの取引を始めたり終わらせたりするときの決め手になります。しかし、100%当たるといったものではありません。指標ごとによく当たる局面、あまり当たらない局面、長所と短所があります。

この「100%当たることはない」という永遠の課題を克服するうえで重要なのが、複数のテクニカル指標を組み合わせて使うことです。**お互いの長所と短所をうまく補い合える指標を組み合わせれば、100%はないものの、取引の精度やシグナルの的中確率を格段にアップさせることができます。**

2つ以上の指標を参考にしよう

組み合わせとしては、トレンドライン、移動平均線、一目均衡表などのトレンド系指標を2つ以上使って、2つの指標で同時に売買シグナルが出たときだけ取引を開始するやり方があります。たとえば、相場がレジスタンスラインを突き破って上昇し、かつ移動平均線のゴールデンクロスが起こった地点は、2つの指標で同時に買いシグナルが出ているわけですから、より高確率で為替レートの上昇が見込めます。

トレンド系指標にオシレーター系指標を組み合わせる手法もポピュラーです。オシレーター系指標は細かい値動きにも敏感に反応しすぎる点が短所ですが、売買シグナルの点灯が素早い点が長所です。そこで、オシレーター系のシグナルを参考にしつつ、**トレンド系指標のシグナルで新規エントリー。その後の決済ポイントは、反応が速いオシレーター系指標で判断すると、迅速な利益確定**

テクニカル指標は組み合わせて使うと威力倍増

2つ以上のテクニカル指標で
新規取引・決済をダブルチェック

■組み合わせ法

トレンド系 ＋ **トレンド系**

２つのトレンド系指標をトレンド判断に使い、シグナルの同時点灯でエントリー

トレンド系 ＋ **オシレーター系**

トレンド系で新規取引、オシレーター系で決済判断する方法

トレンド系 ＋ **値幅予測**

値幅予測系の指標で相場展望したうえでトレンド系で取引

が行えます。

移動平均線で新規取引 RSIで利益確定も

たとえば、相場が移動平均線を上抜いたのを確認して買いでエントリー。RSIが上昇して買われ過ぎ圏の70以上で推移している間は利益を伸ばし、上昇の勢いが鈍って70以下に低下したら、含み益が減らないうちに即利益確定する、といった手法が有効です。

　トレンド系と値幅予測系では、フィボナッチリトレースメントであらかじめ割り出した相場の節目となるレート近辺で、トレンド系指標の売買シグナルが点灯したらエントリー、といった組み合わせができます。

移動平均線＋MACD

トレンドフォローに最適の組み合わせ
MACDのクロスで素早い利益確定を目指す

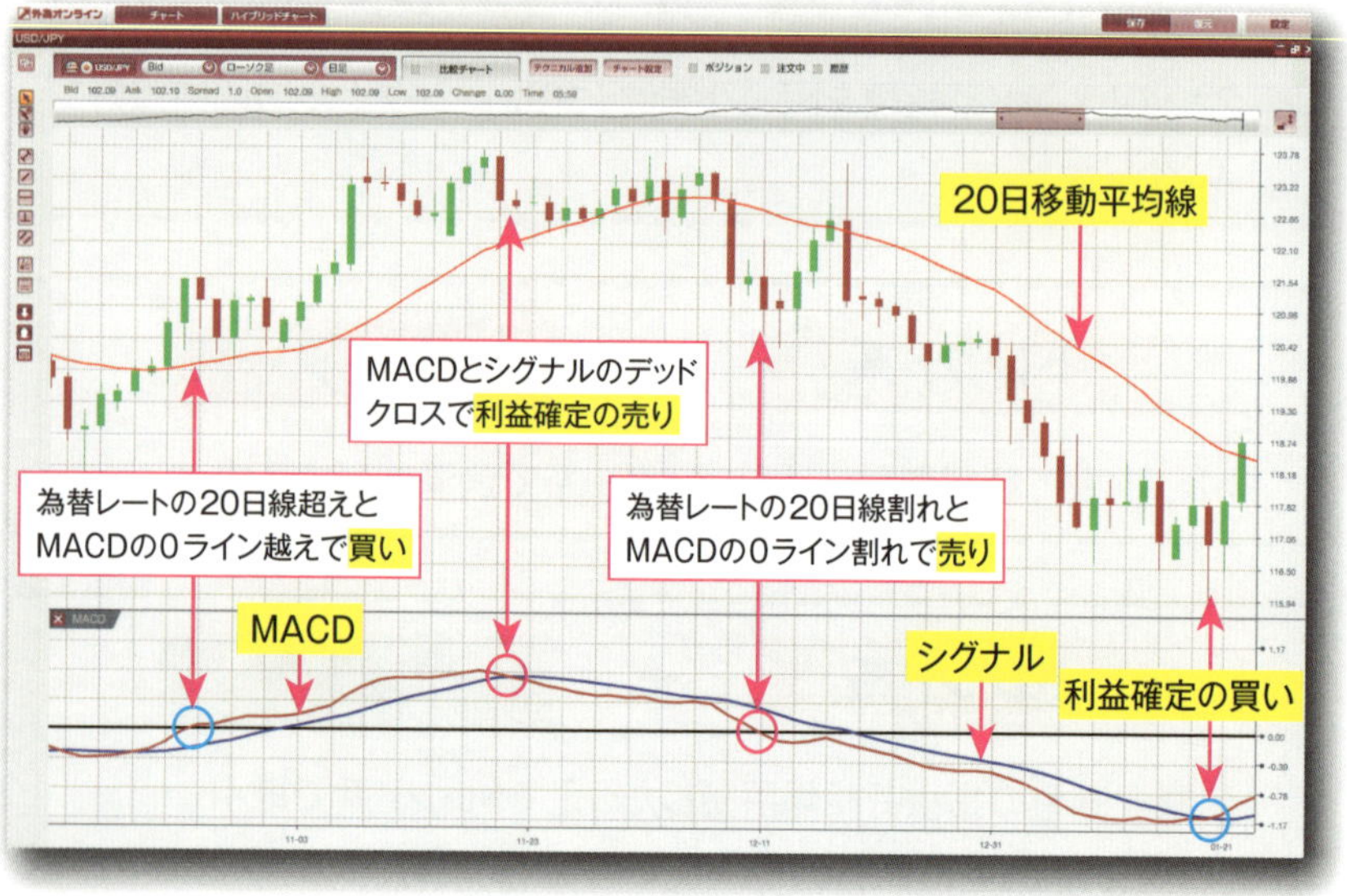

20日移動平均線
MACDとシグナルのデッドクロスで利益確定の売り
為替レートの20日線超えとMACDの0ライン越えで買い
為替レートの20日線割れとMACDの0ライン割れで売り
MACD
シグナル
利益確定の買い

トレンドフォローの王様的な組み合わせ

長短移動平均線の「差」を指数化したMACDは移動平均線の〝親戚〟的な存在で、この2つは徹底したトレンドフォローの取引に最適といえます。

エントリーシグナルには、為替レートの移動平均線越えやMACDの0ライン超えを使います。MACDが0ラインより上でシグナルとゴールデンクロスしたら押し目買い、0ラインより下でデッドクロスが発生したら戻り売りも非常に有効です。

利益確定には移動平均線より反応が速いMACDのクロスを使うと、素早く的確に利益を獲得できます。

ボリンジャーバンド＋平均足

±2σからの反転と平均足の転換のダブルチェックで相場の山と谷を的確にとらえる

ローソク足は平均足を表示させる
+2σ
+1σ
移動平均線
−1σ
−2σ
+2σ到達後の反転下落と平均足陰転で売り
平均足陽転で利益確定の買い
平均足陰転で利益確定の売り
売り
−1σ突破と平均足陽転定着で買い

平均足は初心者でも簡単に使いこなせる

平均足はローソクの上辺・下辺が前日と当日の値動きの平均値を示しており、上昇トレンドなら陽線、下降トレンドなら陰線が続きます。「平均足が陰線から陽線に転換（陽転）すれば買い」「陰転すれば売り」と売買判断も非常にシンプルです。

一方、ボリンジャーバンドの欠点は為替レートが±2σに到達したとき、逆張りか順張りか迷うところ。平均足を併用し、±2σからの反転と平均足の陽転・陰転の同時点灯で逆張りというルールで取引すると相場の山と谷を的確に狙えます。初心者にもわかりやすい点が魅力です。

ドリル 6

テクニカル指標で売買判断してみよう！

問 1

図はチャートに一目均衡表を表示したものです。図の中で「三役陰転」という売りシグナルが完成し、売りポイントになったのはどこでしょうか？

問 2

図はチャートにボリンジャーバンドを表示したものです。図の中で順張りの買いポイントになったのはどこでしょうか？

問3

図はチャートにMACDを表示したものです。上昇トレンドが続いていますが、MACDの押し目買いシグナルが出たのはどこでしょうか？

問4

図のチャートは下降から上昇に転じています。トレンド転換の際の、RSIを使ったエントリーとエグジットポイントはどこでしょうか？

ドリル 7

テクニカル指標を組み合わせよう！

問 1

図に 25 日移動平均線とMACDを表示しました。両者のシグナル同時点灯でエントリー、MACDで利益確定するポイントは？（複数あり）

問 2

図に平均足とボリンジャーバンドを表示しました。両者のシグナル同時点灯でエントリーするポイントはどこでしょう？（複数あり）

問3

図に一目均衡表とRSIを表示しました。両者のシグナルで売りエントリーと利益確定のポイントを探してください。(複数あり)

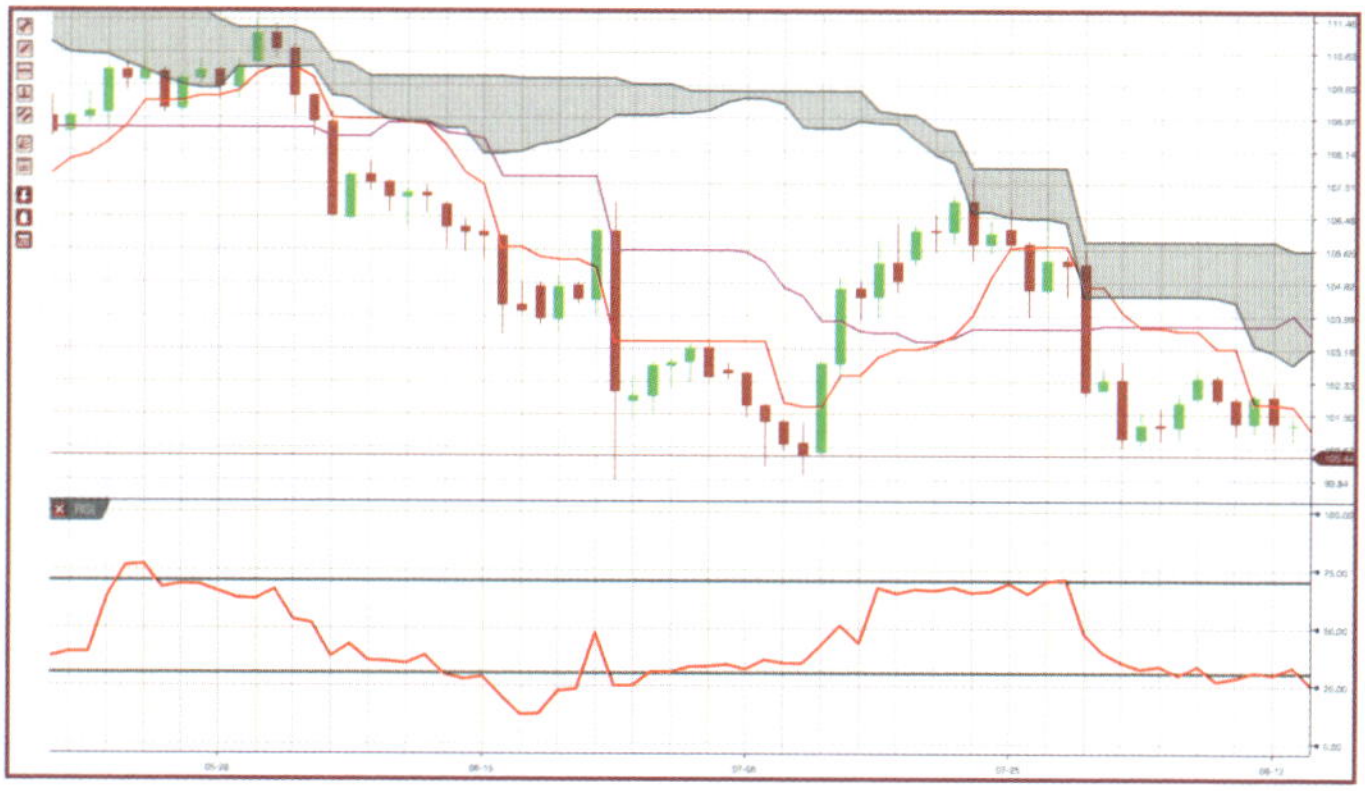

問4

図の高値と安値を結んでフィボナッチリトレースメントを行いました。12ヵ月(青)、24ヵ月(赤)移動平均線も使って今後の相場展望を考えてください。

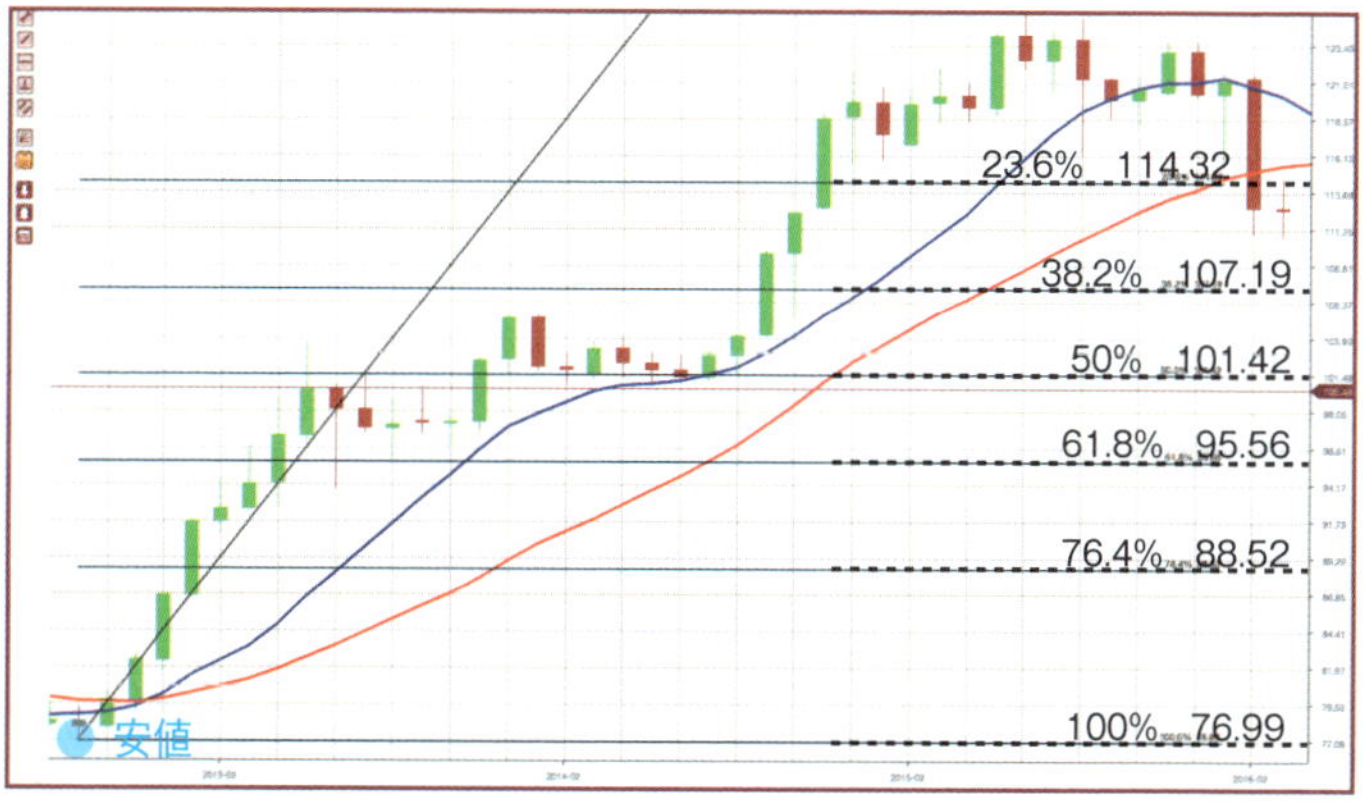

ドリル6~7の答え

ドリル6　問1

一目均衡表では「転換線と基準線のデッドクロス」「為替レートが雲（下限）割れ」「遅行線と日々線のデッドクロス」が起こった地点を「三役陰転」といい、絶好の売りポイントになります。図の「売」の地点がそれです。

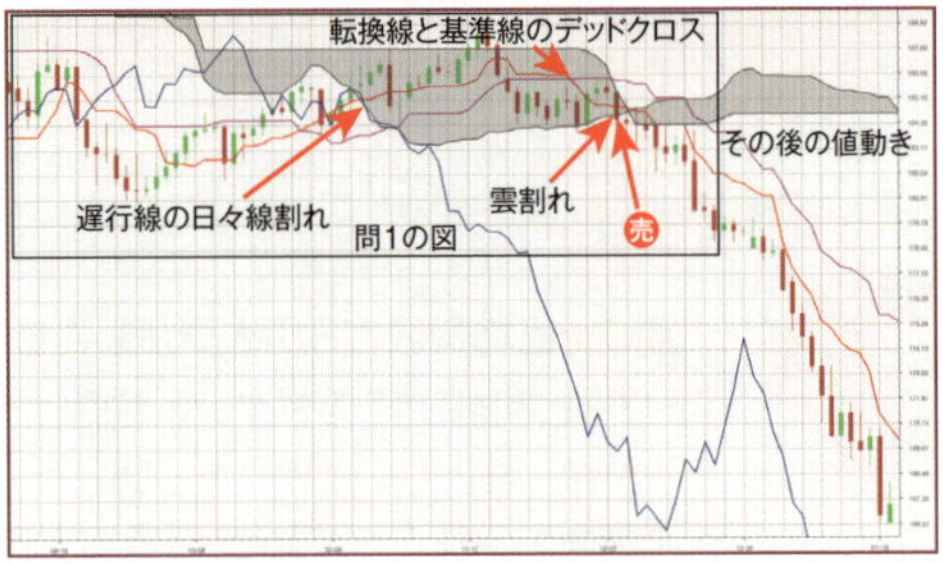

ドリル6　問2

ボリンジャーバンドはバンド幅が拡大中は順張りで使うべきです。為替レートが三角保ち合いを上放れし、$+2\sigma$を突き抜けて上昇、バンドも拡大に転じた図の「買」の地点あたりが絶好の買いポイントといえます。

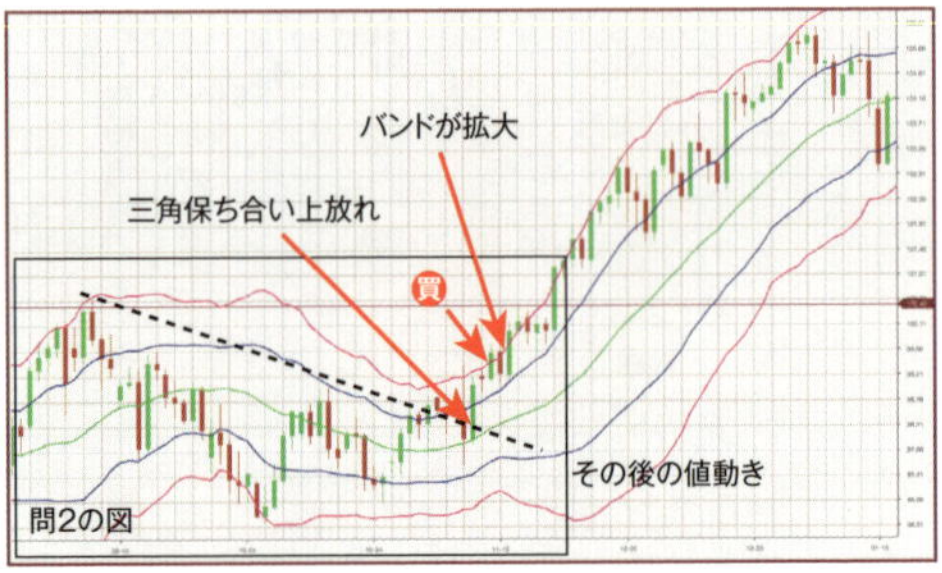

ドリル6　問3

上昇トレンドでは0ラインより上でのMACDとシグナルのクロスが絶好の「押し目買い」ポイントになります。両者が同時発生した図の「買」の地点がそれにあたります。

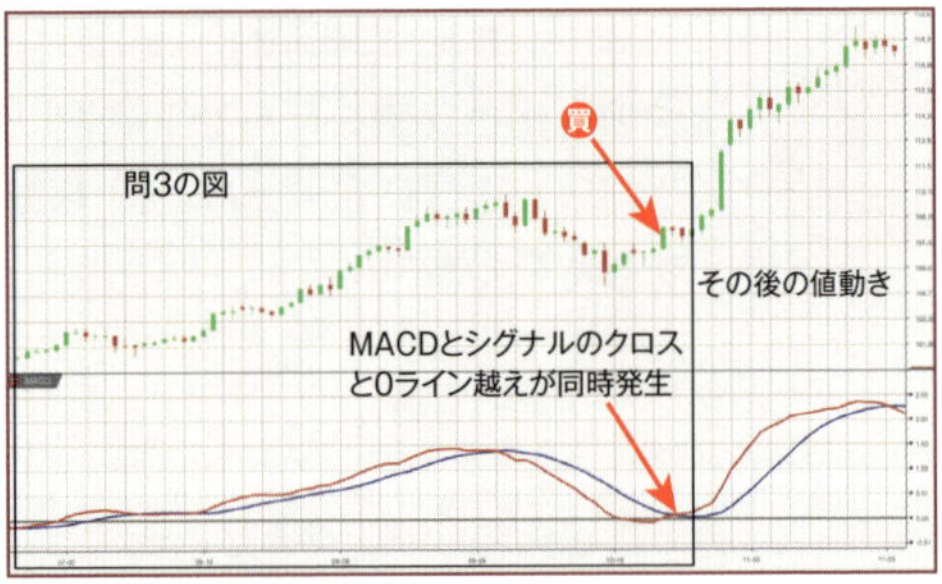

ドリル6　問4

RSIはどのゾーンを上下動しているかでトレンド判断します。図の場合、RSIの50越えで上昇トレンド入りと判断して買い、70割れで上昇失速と考え利益確定するのがセオリーです。ただしダマシも多いので注意しましょう。

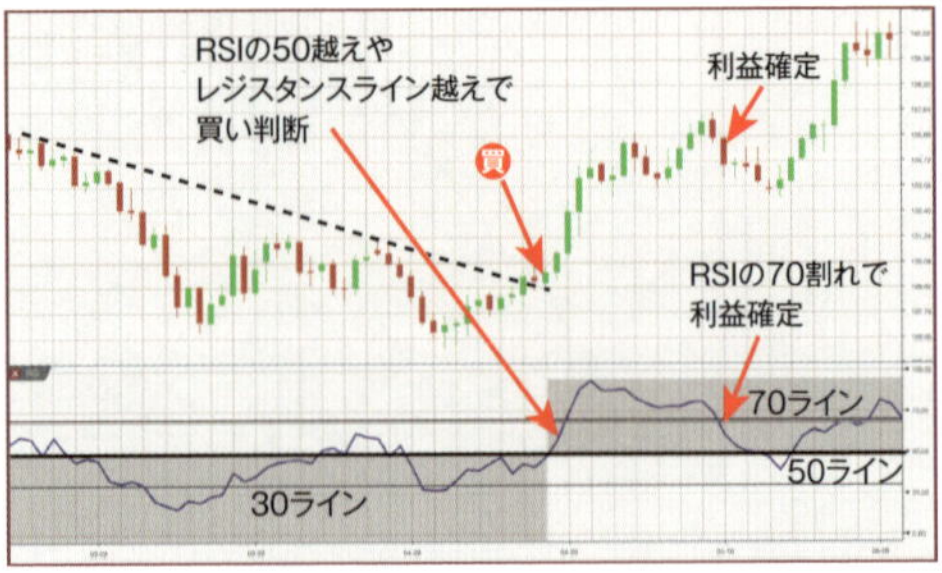

ドリル7　問1

為替レートの移動平均線割れ／越えとMACDのクロスか0ライン越え／割れでエントリーし、MACDのクロスで利益確定する売買プランです。これはあくまで一例で、組み合わせ次第で他のポイントでも構いません。

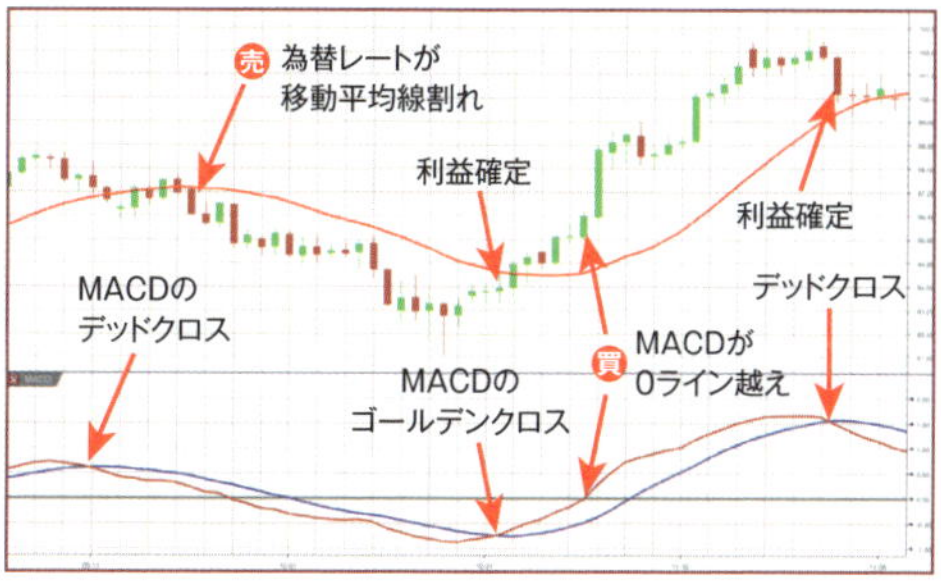

ドリル7　問2

ボリンジャーバンドの±2σからの反転と平均足陽転・陰転が同時点灯したらエントリーします。逆に平均足が陽線のまま+2σを越え続けている間は順張り買いで利益が伸ばせるチャンスになります。

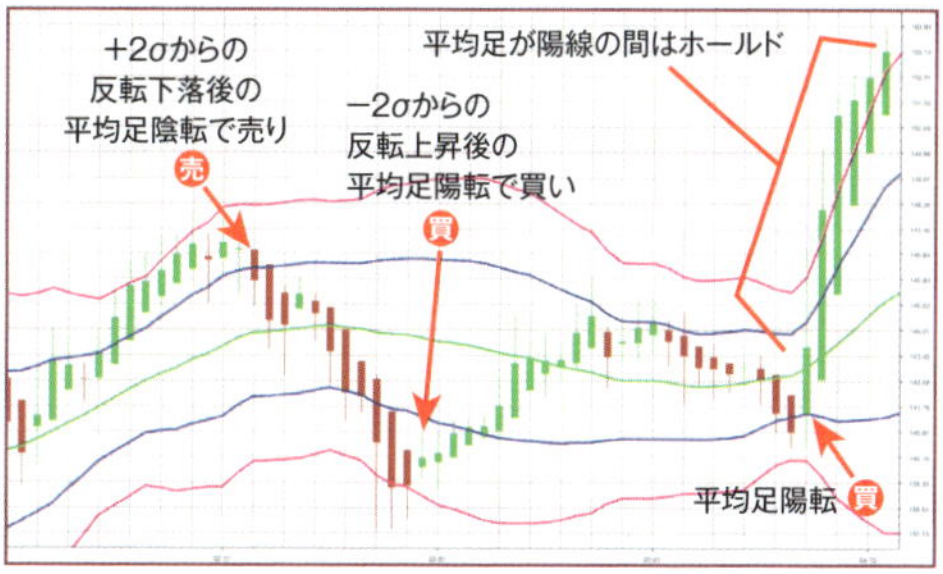

ドリル7　問3

下降トレンドの戻り売りシグナルとして一目の転換線割れと雲割れ、RSIの70割れを使い、利益確定は転換線越えとRSI 30 越えを使った場合の売り取引の一例を示しました。ほかの売買プランもありえます。

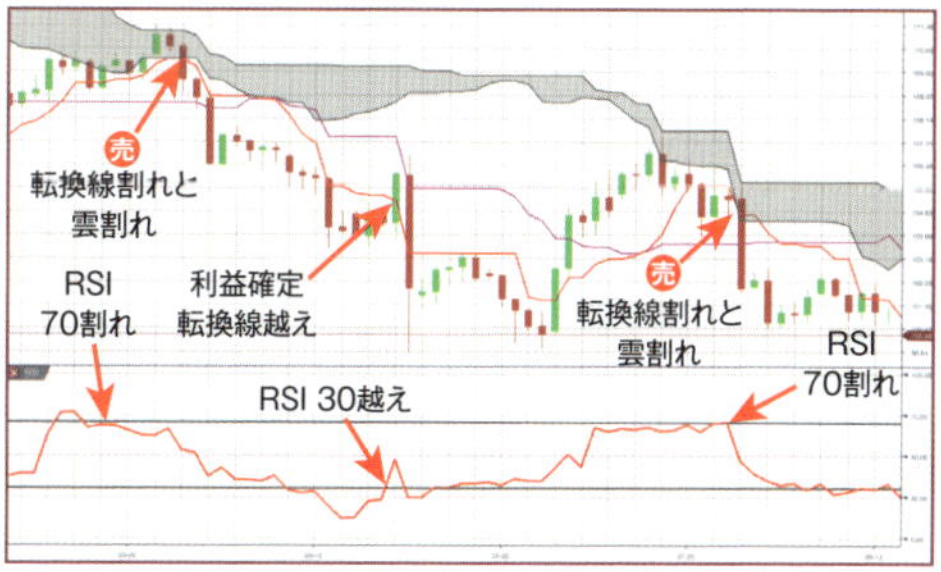

ドリル7　問4

為替レートが 24ヵ月移動平均線を割り込み下降トレンド入りが濃厚です。すでにフィボナッチの 23.6%ラインを割り込んでいるので、その下の 38.2%ライン 107. 19 まで下げる、それでも下げ止まらないと50%ラインの 101.42 まで下げる、といった相場展望が妥当です。

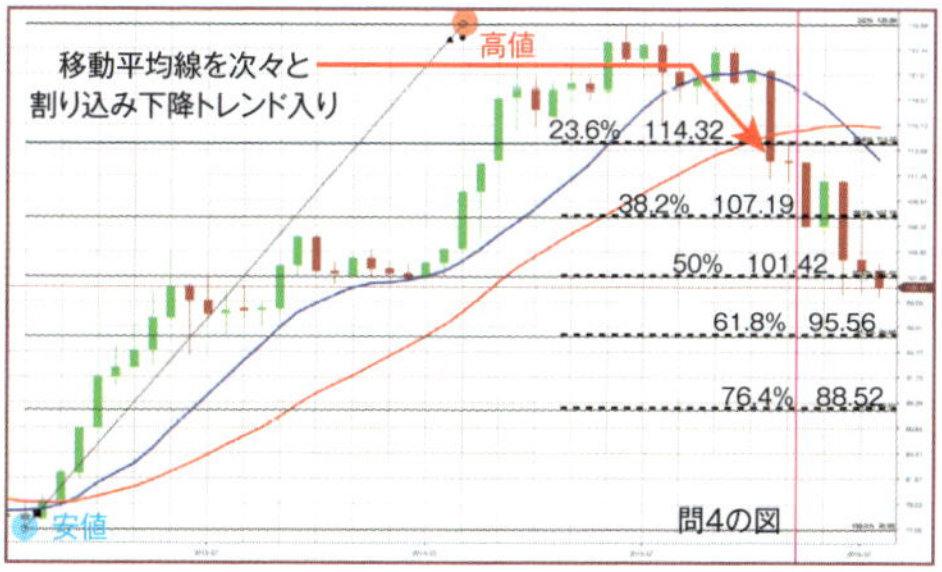

チャートの裏に潜む投資家の売買・損益状況に注目しよう！

テクニカル指標は多くの投資家が見ているほど当たりやすいといいましたが、チャートの裏に潜む投資家たちの損益状況を読むことも大切です。

たとえば、移動平均線はある期間中の終値の平均値ですが、その期間中の投資家がすべて終値で売買したと仮定すれば、投資家の平均購買レートと考えることもできます。

もし現在の為替レートが移動平均線より上にあれば、その期間中にその通貨ペアを買った投資家は平均すると儲かっていることになります。逆に売りで勝負した人は損をしている計算です。当然、儲かっている買い手のほうに勢いがあるので、「これまでより高いレートでも買う」という新規投資家も参入し、買いが買いを呼ぶ形で為替レートが上昇していきます。

売りで勝負したものの、為替レートの上昇で損失が拡大した投資家たちもまた、損切りの買い決済注文を急いで出します。売り手のこうした決済買いが為替レートをさらに押し上げる圧力になるのです。

チャート分析の際には、単純にチャートの形を見て幾何学的に判断するのではなく、投資家の人間くさい欲望や感情の変化を思い浮かべましょう。それがチャート分析上達への近道です。

Lesson

4

知らなきゃ損！
さらに勝率が上がるマル秘テクニック

Lesson

4-1 注文方法を覚えて取引をラクに進めよう！

実際のFXの取引は、取引する通貨ペアと買いか売りかを決め、何通貨取引するかの取引数量を指定して注文を発注することで始まります。

注文が**約定（確定）**すると、保有ポジションがFX会社の取引画面に表示され、評価損益のプラスマイナスがリアルタイムに確認できます。

FXには多種多様な注文方法があります。最も〝原始的〟といえるのは、「いくらでもいいから買う（もしくは売る）」という「**成行注文**」で、注文と同時に約定します。一般的なのは「**指値注文**」で「いくらまで下がったら買う／いくらまで上がったら売る」と取引レートを決めて注文する方法です。「**逆指値（ぎゃくさしね）注文**」は、指値注文と反対で、「いくらまで上がったら買う／いくらまで下がったら売る」という注文で、主に「ここまで予想と反対方向に動いたら決済しよう」という損切りの決済注文に使います。

IFDやOCOなどの条件注文を使いこなそう

さらに複雑な条件をつけた注文も可能です。「**IFD（イフダン）注文**」は、「いくらになったら新規に買い、いくらになったら売り決済する」など、エントリーと約定のポイントを同時に発注できます。「**OCO（オーシーオー）注文**」を使うと、保有ポジションの利益確定と損切り注文が同時発注できます。

さらに「**IFDOCO注文**」になると、「いくらでエントリーし、その後、いくらになったら損切り／利益確定する」というように、新規注文1つと決済注文2つを同時発注。一度注文したら、あとは勝手に売買してくれるのでとても便利です。

FXではさまざまな注文方法が使える

■通常の注文

成行注文	指値注文	逆指値注文
今すぐ買い 今すぐ売り	ここまで下がったら買い ここまで上がったら売り	ここまで上がったら買い ここまで下がったら売り

■さまざまな条件注文

IFD注文
（イフダン注文）

①の新規指値注文と②の利益確定の指値注文（もしくは損切りの逆指値注文）をセットで発注できる

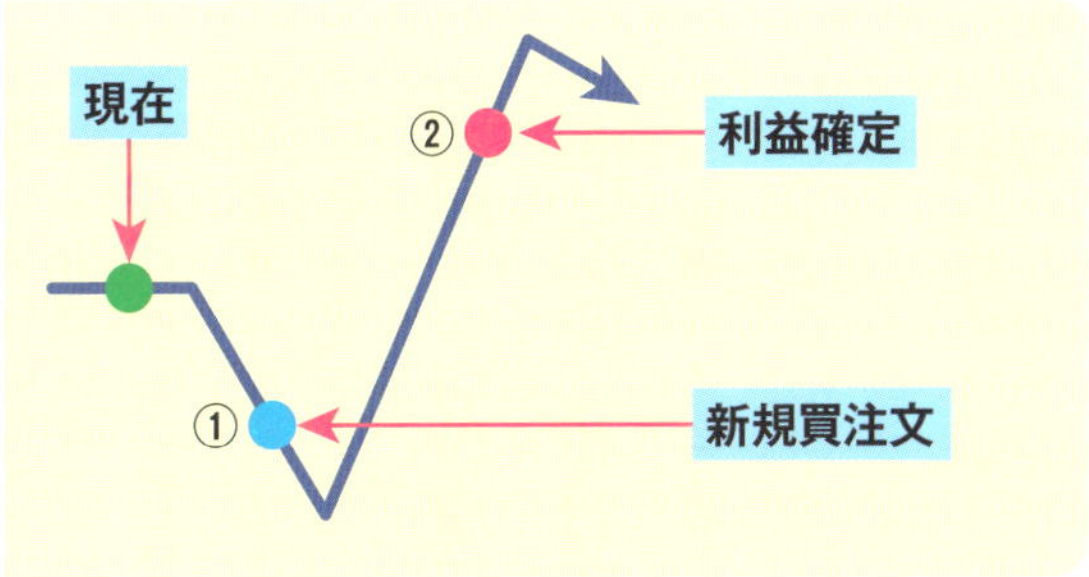

OCO注文
（オーシーオー注文）

利益確定の指値注文①と損切り注文②をセットで注文し、どちらかの注文が成立すると片方はキャンセルされる

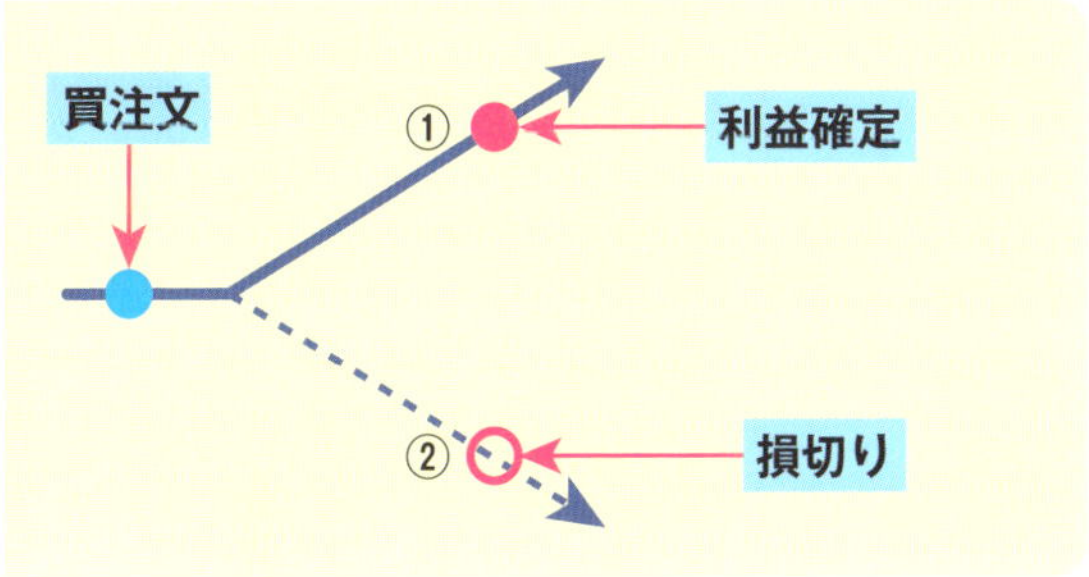

IFDOCO注文
（イフダンオーシーオー注文）

①の新規指値注文と②の利益確定の指値注文、そして③の損切りの逆指値注文をセットで発注できる

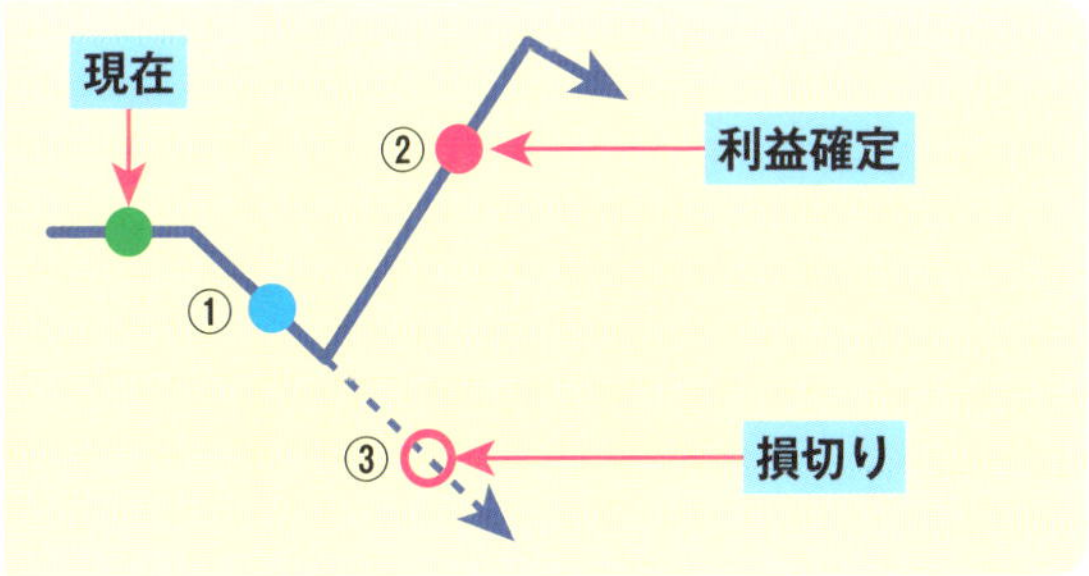

Lesson

4-2

相場を追尾し自動で儲かる！ FXの新定番「iサイクル注文®」

FXの世界では今、「**自動売買**」が大流行しています。IFDOCO注文などは自動売買に近い注文方法ですが、ひとつひとつの注文はいちいち自分で発注しないといけません。それに対して、FX各社が提供する自動売買システムは、最初の設定段階で「取引する通貨ペア」「買いか売りか」「注文を自動発注する相場の変動幅」の3つを決めるだけで次々と注文を自動発注。〝ほったらかし〟でも勝手に新規取引と決済を繰り返してくれます。

その最先端の進化形が、外為オンラインが特許を取得した自動売買システム「**iサイクル注文®**」です。その特徴は、自動売買を行う相場の変動値幅を実際の値動きに合わせて自動的に上下に移動してくれる点にあります。

おいしい相場でラクして儲ける

従来の自動売買システムは、最初に決めた固定の値幅の中でしか、売買してくれませんでした。つまり、相場がある一定のレンジ幅を横ばいで推移している間しか収益チャンスがなく、相場が勢いよく上昇もしくは下降する局面ではみすみす利益を逃がしたり、リスクが大きく拡大してしまう欠点があったのです。

自動的に利益確定や損切りを行いリスクを限定したうえで、相場の変動を自動的に追尾して新規取引↓決済を次々と繰り返してくれるiサイクル注文®なら、トレンドが大きく転換しても〝置いてけぼり〟にされることはありません。FXで一番おいしいトレンド転換で自動的にこつこつと利益を積み上げてくれる点が大きな魅力です。

ラクして稼げる自動売買の仕組み

FXの自動売買 → 決められたルール通り、**新規注文→決済**を自動で行ってくれる

■iサイクル注文とは?

買いか、売りか? ＋ **通貨ペア** ＋ **為替レートの変動幅** ← **この3つを設定する**

設定した変動幅が値動きに自動追随して自動発注を繰り返す。

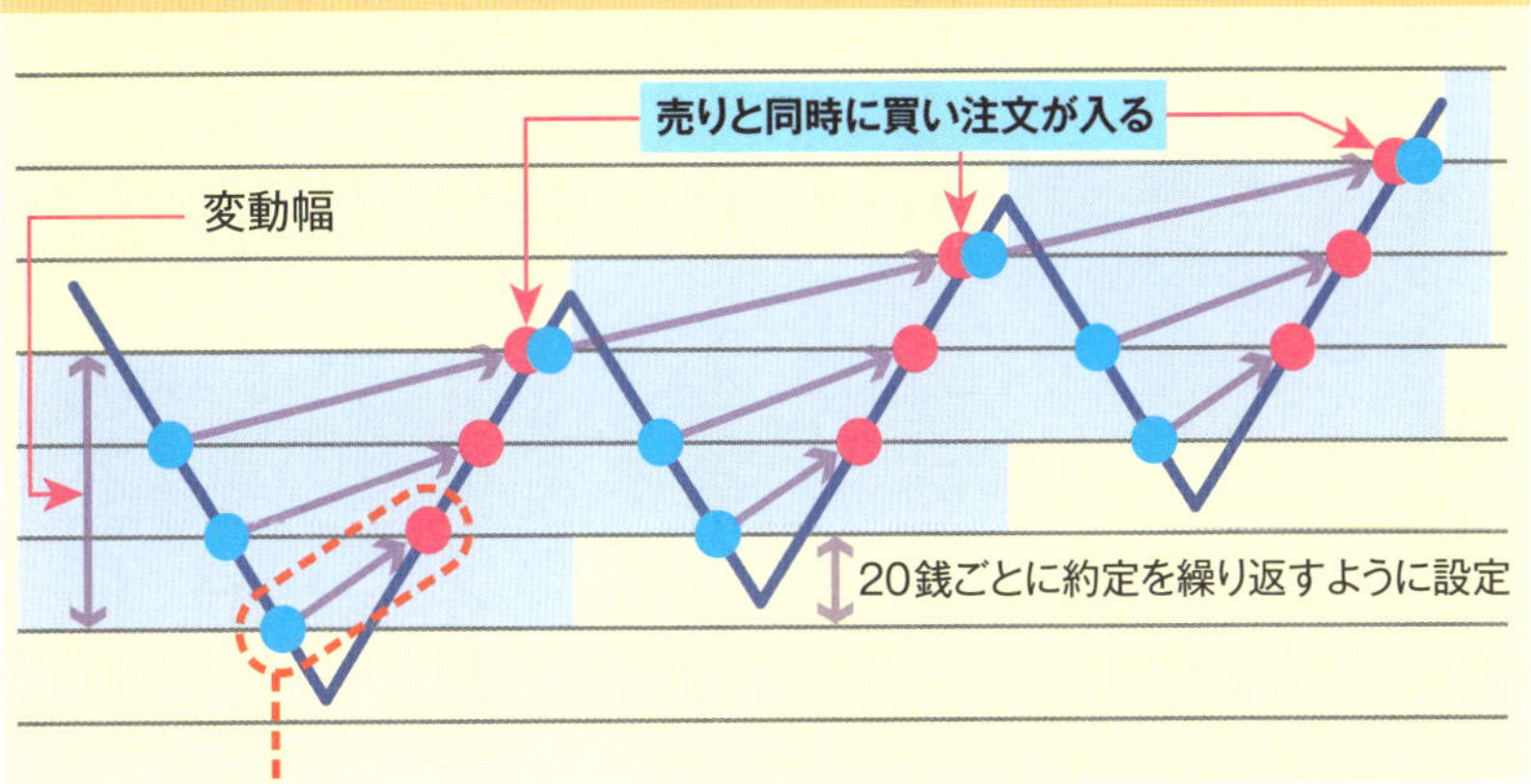

●=新規買い注文　●=売りの決済注文

左の注文はiサイクル注文® の一部分を切り出したものですが、前のページで解説したIFDOCO注文そのもの

上の図では損切りを省略していますが、実際にはレンジから大きく外れると、自動で損切りされる仕組みになっています

※なお「iサイクル注文」は外為オンラインの登録商標です（特許第5918806号）

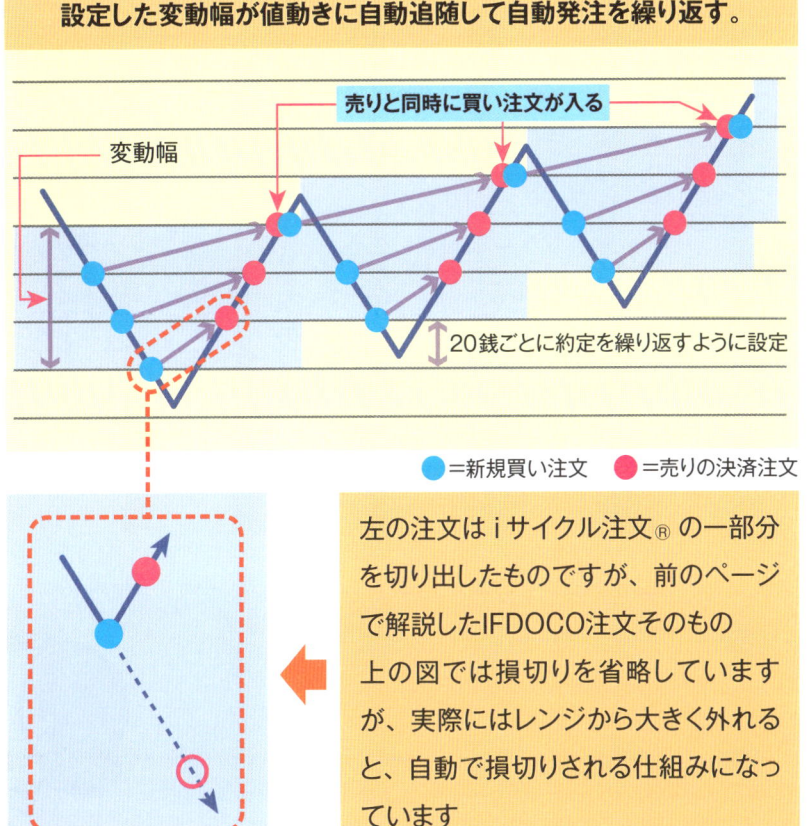

4-3

勝率5割でも儲ける方法！決済ポイントは柔軟に！

ＦＸ取引で大きく損をせず、こつこつ利益を伸ばすには計画的な売買が大切です。そのためには、テクニカル指標を使ったチャート分析を行い、「ここで新規エントリー」という売買ポイントだけでなく、「ここまできたら決済」という利益確定と損切りのポイントをあらかじめ1セットで決めておいたほうがいいでしょう。そして、**利益確定なら勝ち、損切りなら負けとカウントし、1セットの勝負を何度も繰り返す中で、勝ち（利益確定）を増やして勝率を上げることに集中すべきです。**

「新規エントリー・利益確定・損切り」の3ポイントを決めるときは、利益確定の値幅を損切りまでの値幅より大きめに設定し、勝率5割でも利益が上回るように決済注文の値幅を調節するのもいいでしょう。

利益を伸ばす注文方法「トレイリングストップ」

損切りに関しては最初に決めたポイントで厳格に実行すべきです。しかし、予想が当たったときは、決済のポイントを徐々に引き上げて、なるべく利益を伸ばすことも大切です。

相場の変動に合わせて決済ポイントを引き上げていく注文方法は「**トレイリングストップ**」と呼ばれ、FX会社の注文機能の中にも完備されています。その決済方法は「直近の高値や安値から何pips反対方向に動いたら決済する」と変動幅を指定する形の注文で、たとえば買いで勝負した場合、為替レートが上昇して高値が更新されると、自動的に決済ポイントも引き上げられ、その結果、相場の上昇が続けばどんどん利益を伸ばすことができるのです。

FXでは利益をなるべく伸ばすことが重要

取引する前にチャートを見て

エントリー ＋ **損切り** ＋ **利益確定**

3つのポイントを**事前に決めて**
守ることが重要

さらに「利益をとことん伸ばす」ために
トレイリングストップ注文を活用！

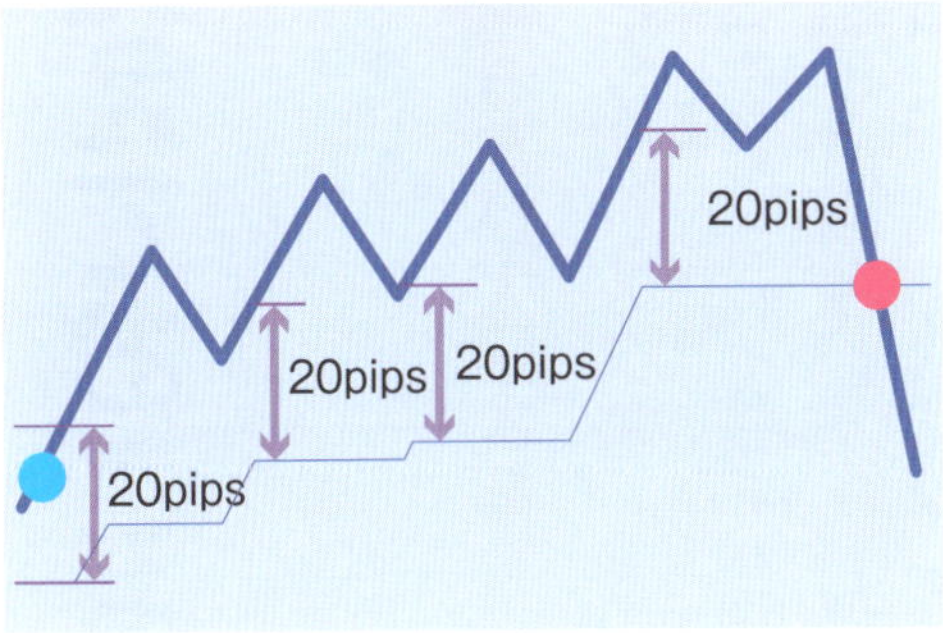

直近高値から指定pips下落しないと利益確定しない注文方法
この方法なら、夜寝ている間や仕事中でも、自動的に利益を伸ばすことができます

佐藤正和直伝ポイント

損切り貧乏にならないためには利益を最大限伸ばす努力が大切

「損失はなるべく小さく、利益はとことん伸ばす」のがFXの極意です。トレイリングストップを使って最大限、利益を伸ばすことに成功すれば、勝率がたとえ5割以下でも、小さく損して大きく儲けた結果、トータルで損益をプラスにすることが可能です。

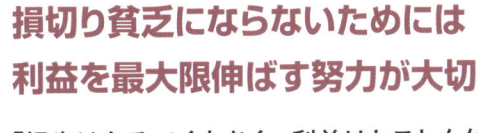

Lesson

4-4 「ピラミッティング」「ナンピン」「ドテン」も覚えておこう！

FXには、さまざまな売買方法があります。「**ピラミッティング**」は、一度にすべての資金を投入せず、相場変動に合わせて小分けに投入することで、損失のリスクを減らしながら利益を伸ばす取引手法です。一般的には、最初に資金の半分程度を投入し、その後、値動きが予想通りなら、徐々に資金量を減らしながら資金投入を続けます。そして予想と反対方向に動いたら全ポジションをいっきに利益確定。トレンドの強い値動きに初めの段階で乗れたときに効果を発揮する手法で、欧米の投資家が好んで使います。

個人投資家が大好きなナンピンはリスク大

逆に「ナンピン」は予想が外れたときにおこなう取引で、たとえば買いで勝負したあと、相場が下落したとき、再び買いを入れて、全体の買いポジションの平均買値を引き下げる手法です。相場が再び上昇に転じれば、平均買値を引き下げたことで、最初に買いを入れたポイントより早い段階で損益がプラス転換します。ただし、相場が下落し続けると、ポジションが膨らんだ分、非常に大きな損失をこうむることになります。

「**ドテン**」はナンピンとは逆に最初買いで勝負して予想がハズれたら即座に損切りして、今度は180度正反対の売りで勝負する取引です。かなり荒っぽい手法ですが、相場変動が急激な場合、損失回避だけでなく、大きな利益を上げられる可能性もあります。むろん、買いから売りにドテンした途端、今度は為替レートが上昇してしまい、損切りを余儀なくされる、〝往復ビンタ〟の大打撃をこうむるリスクもあります。

FXのさまざまな取引手法を覚えよう

ピラミッティング

最初に大きく買い、予想が当たったら**少しずつ**ポジションを積み増して大きく儲ける

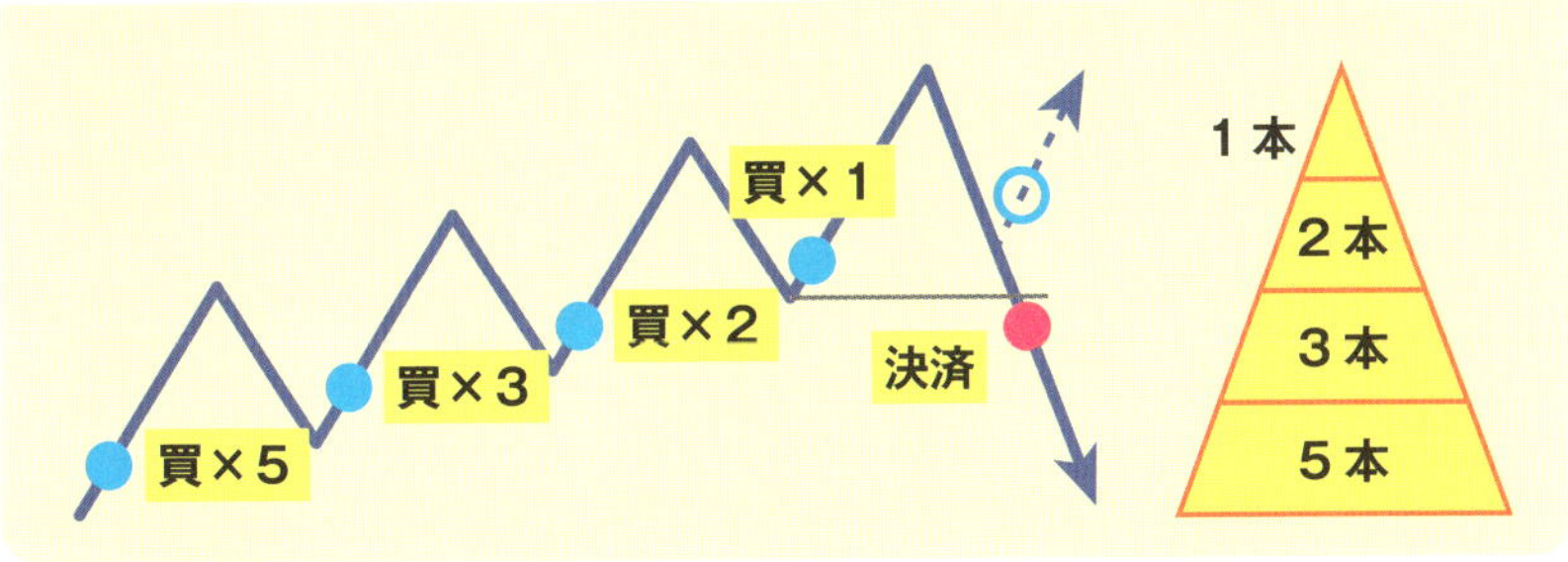

ナンピン

予想が外れても買い続け、**平均買値**を下げる

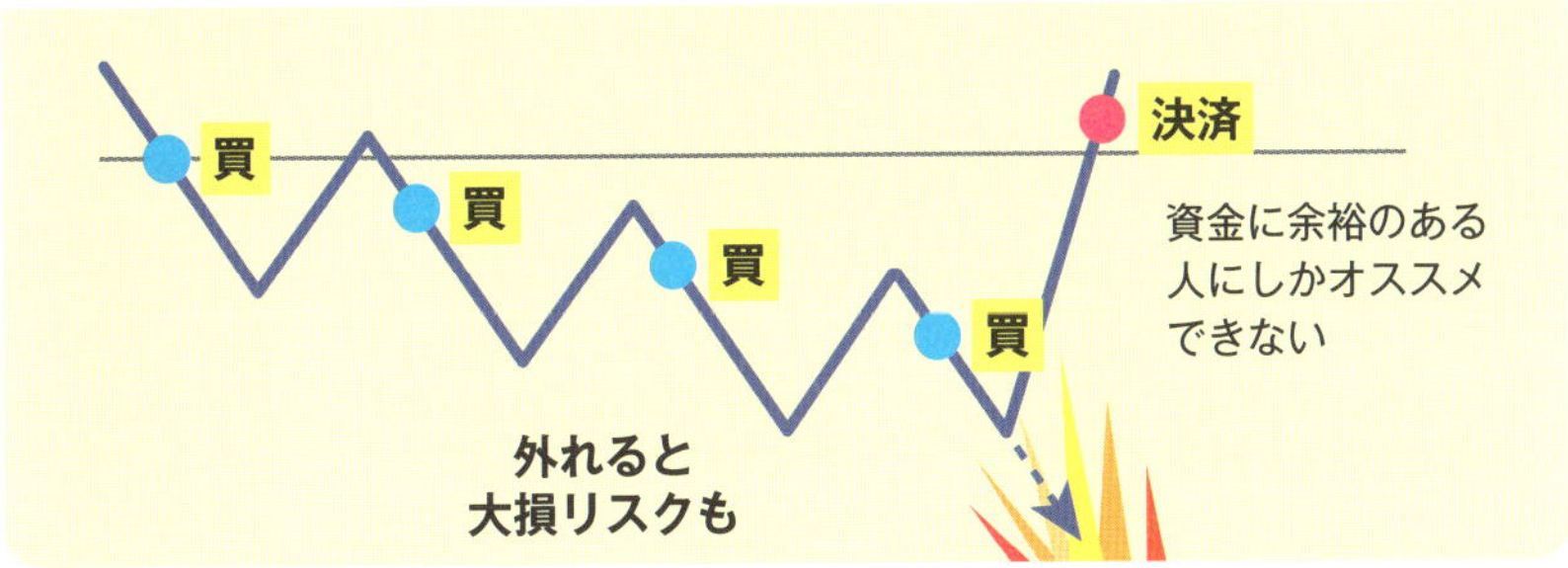

ドテン

予想が外れたら**即損切り**して**反対方向の売買**を行い、値動きに追随する

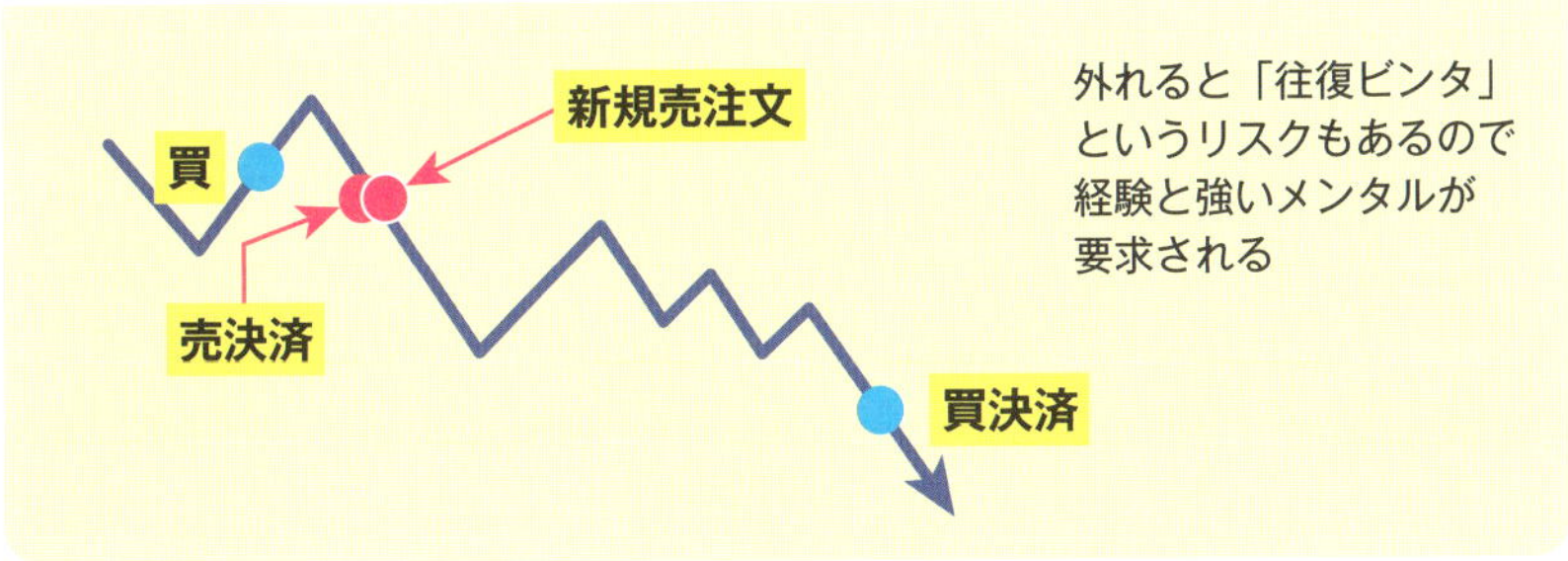

4-5 これなら実践できる！「損切りルール」の具体例

個人投資家は損切りが非常に苦手です。セミナー参加者の方々の中には、「損切りしないでずっと保有していたら、いずれ儲かる」と自信を持っておっしゃる方もいます。

プロの投資家は、許容される損失額やポジションの保有時間が厳格に決められているので、「間違ったな」と思ったらすぐに損切りします。損切りしないことは「会社をクビになること」と同じ意味なのです。

一方、個人投資家は損切りができないため、こつこつ利益を上げても、一度の大失敗でＦＸから退場してしまう最悪パターンに陥りがちです。

それを防ぐためには、勇気を出して損切りする以外ありません。

損切りの目安は「1万円損したら」という金額でも、「元手の3％損したら」という資産比率でも、「1円反対方向に為替レートが動いたら」という値幅でも、「直近安値を下回ったら」といったテクニカル分析でもかまいません。**とにかく「ここまで予想が外れたら素直に負けを認めて損切りする」という〝一線〟をあらかじめ決めたうえで、厳格にそのルールを守ることが大切です。**

また新しく始めればいい

確かに、相場が予想した方向に戻って損切りしていなかったら利益が出た、という非常に悔しいケースもあるでしょう。しかし、そんな場合はまた新しい取引を始めればいいだけの話です。**何度もいうように、利益確定は1勝、損切りは1敗と割り切って考え、「今日は負けたけど明日は勝つぞ」と気分をリフレッシュして、勝率アップに励むのが健全なＦＸ投資なのです。**

損切りはルールを決めて行う！

損切りができないと → 「こつこつ儲けてもドカンと損する!」

負けパターン克服のための「損切りルール」

金額	値幅	チャート
	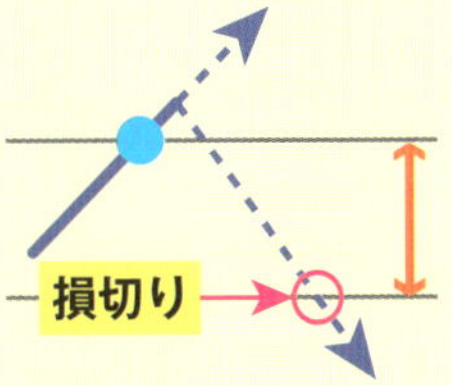	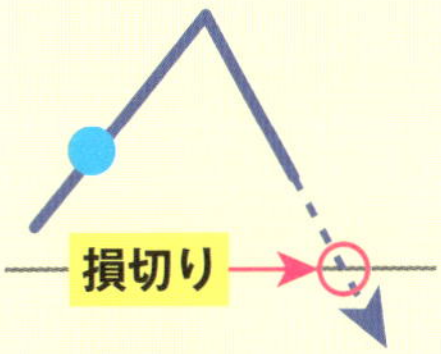
1万円損したら	予想と反対に○△pips 動いたら	この高値・安値を 超えたら

ずるずる損を引きずらず
「これで○勝▲敗。勝ちを増やそう」と
勝率アップを目指すのがGood!

佐藤正和
直伝
ポイント

ドカンと損するのを防ぐための「利益出金こつこつトレード」

FXで成功すると、もっと儲けたいという欲望から投資金額もついつい大きくなりがちで、それがドカンと損する元凶になります。大損を防ぐ方法としては、FXで利益が出たら儲けは出金してしまい、いつも元手は一定で勝負する投資法も有効です。

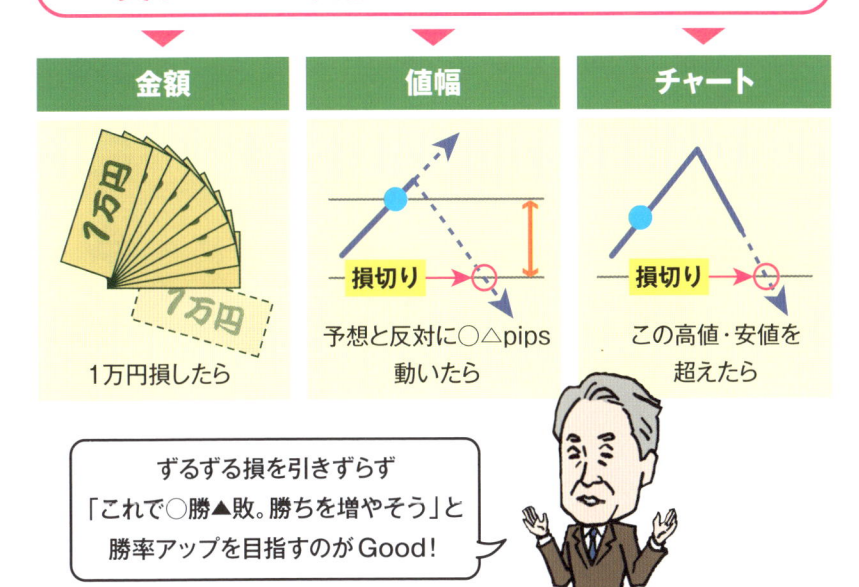

4-6

感情よりもルールにしたがい「利小損大」を乗り越える

「50％の確率で１００万円儲かる」と「１００％の確率で50万円儲かる」のどちらを選ぶか、と質問すると多くの人は後者を選ぶといわれます。逆に「50％の確率で１００万円損する」と「１００％の確率で50万円損する」のどちらかと訊《き》くと、多くの人は前者を選択するでしょう。

この心理テストから、多くの人は50万円の利益で満足し、ひょっとしたら損失がゼロになる可能性にこだわった結果、１００万円損してしまう傾向にあることがわかります。

人は利益を獲得するとその利益が減るのを怖がってすぐに利益確定してしまいがちです。反対に損失が膨らんでも、悔しさや未練から損切りできず、ずるずると含み損を拡大させてしまう傾向が強いのです。

感情よりもルールにしたがう

これを投資用語では「**利小損大**」といいますが、ＦＸの実戦取引では、人間に備わった、この心理的傾向と戦わないといけません。

それは損失を抱えているときの後悔や未練だけではありません。人は、たとえ予想が当たって儲かったとしても「よかった」と素直に喜ぶより、「もっと儲かったのに…」と悔しがる生き物です。取引していないときに相場が大きく動くと、「せっかくのチャンスを逃した…」と焦りや悔しさが募ります。感情や欲望を完全に抑えることは修行僧でも難しいでしょう。だからこそ、厳格な取引ルールを決めたうえで機械的にそのルールを守った取引をおこない、うまくいかない場合はポジションを塩漬けにせず、取引ルール自体を微調整していくのが望ましいのです。

普通の人は利益確定が早く損切りが遅い

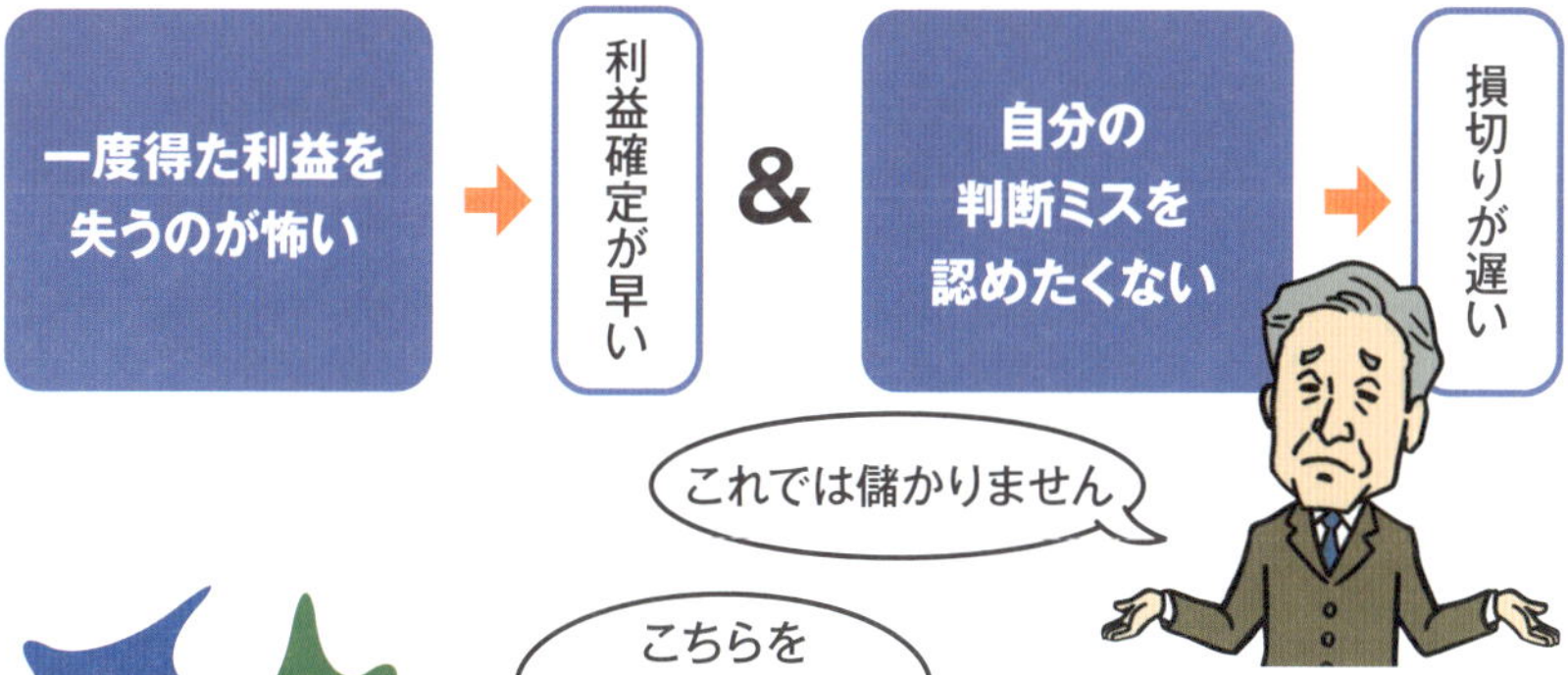
一度得た利益を失うのが怖い
利益確定が早い
&
自分の判断ミスを認めたくない
損切りが遅い
これでは儲かりません

未練
期待
後悔
怒り
含み損が拡大しているとき
恐怖
執着
不安
こちらを大切にしましょう
損切りしたあと
リフレッシュ感
新たな意欲・挑戦心
仕切り直し感
すがすがしさ
1から再スタート感 etc

佐藤正和直伝ポイント

損失にこだわるより損切りしたほうが精神的に自由でいられる

損切りすると確かに不快感は残りますが、ある種のすがすがしさを感じるのも事実です。大きな損失を抱えて夜も眠れないという悲劇を味わわないためにも、傷が浅いうちにさっさと損切りするほうが精神衛生上もいいに決まっています。

ドリル 8

注文方法や売買戦略を考えよう！

問 1

次のような注文を行うときに使う注文方法を下のA～Dから選んでください。

（1）1 ドル 100 円で買ったが 1 ドル 98 円を下回ったら損切りしたい

（2）1 ドル 98 円まで下がったら買い、さらに 1 ドル 97 円を下回ったら損切りしたい

（3）1 ドル 100 円で買ったが 1 ドル 102 円で利益確定、99 円で損切りしたい

（4）1 ドル 99 円まで下がったら買い、1 ドル 101 円で利益確定、98 円を割り込んだらいくらでもいいので損切りしたい

A．IFDOCO 注文　B．逆指値注文　C．OCO 注文　D．IFD 注文

問 2

（1）～（3）はある条件注文を図解で示したものです。それぞれ、なんという注文でしょうか？

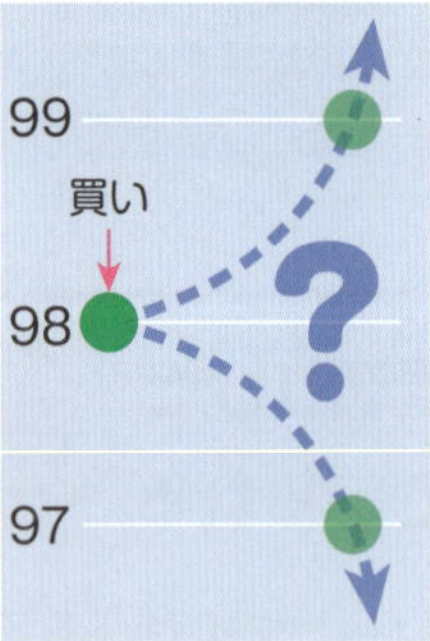

98円で買ったあと、99円に達したら売りの決済注文を出し、もし97円まで下がったら売りの損切り注文を出す、一連の注文

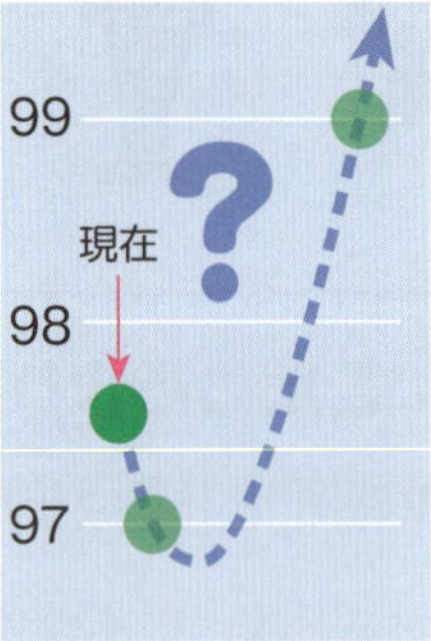

97円に達したら新規の買い注文を出し、99 円に達したら売りの決済注文を出す、一連の注文

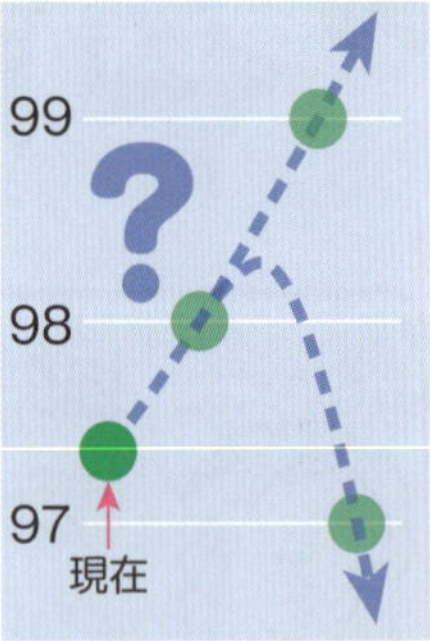

98 円に達したら新規の買い注文を出し、99 円に達したら売り注文を出し、97円まで下がったら損切りの売り注文を出す、一連の注文

問3

次のような注文はどのような名称で呼ばれていますか？

（1）買いのポジションが予想通りに上昇したので、さらに小分けに買い増し注文を繰り返した

（2）売りのポジションが予想通り下落したので、損切り決済の逆指値注文のレートを引き下げていった

（3）売りのポジションが予想に反して上昇したので、その売り注文は決済して買い注文を入れた

（4）買いのポジションが予想に反して下がったので、また買い注文を入れた

A. ナンピン　B. トレイリングストップ　C. ピラミッティング　D. ドテン

問4

図のチャートの「買」でエントリーして予想が当たり、（1）～（4）まで相場が上昇したとき、当初の損切りラインをどこまで引き上げていくのが妥当でしょうか？

ドリル 9

損切りポイントを考えてみよう！

問 1

図はチャートに 25 日移動平均線を表示したものです。為替レートが移動平均線越えした地点で「買」を入れましたが、損切りポイントはどこが適当でしょうか？

問 2

図はチャートにトレンドラインを引いたものです。サポートライン割れで売りエントリーしましたが、当初の損切りラインはどこが望ましいでしょうか？

問3

図はチャートにレジスタンスライン、サポートラインを引いたものです。横ばい相場と判断して図の「売」でエントリーしましたが、当初の損切りラインは？

問4

図はチャートに25日移動平均線を表示したものです。買いポジションを持っていた場合、どの時点で利益確定すべきでしょうか？

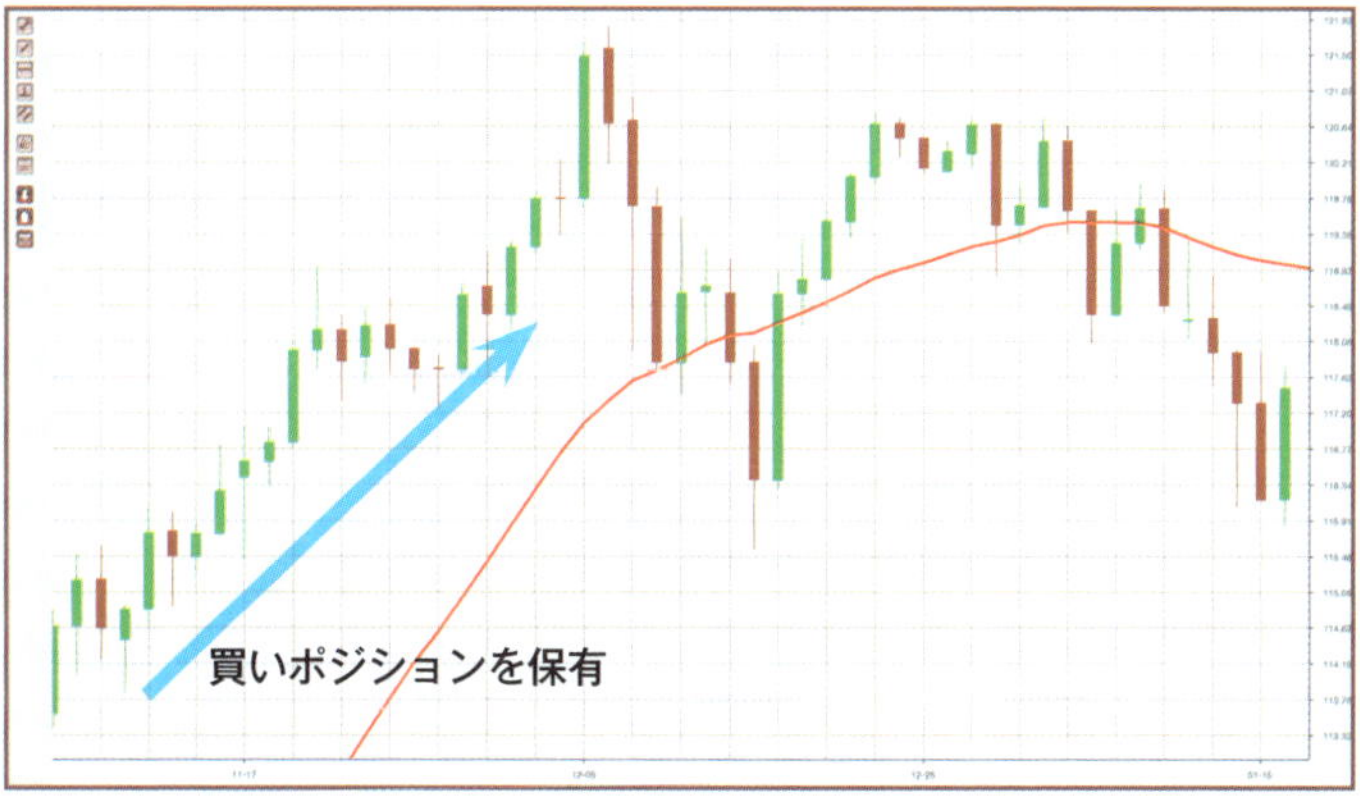

ドリル 8~9の答え

ドリル8　問1

（1） B：1ドル 98 円を下回ったら 98 円で損切りという逆指値注文を入れる。

（2） D：IFD 注文 1ドル 98 円で指値買いし、さらに 1 ドル 97 円を下回ったら売り決済の逆指値注文を入れる。

（3） C：OCO注文を使い、1ドル 102 円の売り決済の注文を指値で、1ドル 99 円で売り決済の注文を逆指値で入れる。

（4） A：IFDOCO注文を使い、1ドル99 円で指値買い、1ドル101円で利益確定の売り決済注文を指値で、1ドル 98円以下になったら売りの決済注文を成行で入れる。

ドリル8　問2

（1） は 98 円ですでに約定したポジションに対して、利益確定の注文と損切り決済の注文を同時に出す注文方法なので「OCO注文」です。「97 円まで下がったら売る」というのは逆指値注文になります。

（2） は現時点の為替レートより下値の 97 円で新規買い注文を出し、その新規注文が約定したら 99 円で利益確定の指値注文を出す、というもので「IFD注文」になります。

（3） はI今後、為替レートが 98 円まで上がったら新規買いして、その後 99 円に達したら決済約定する。しかし予想とは逆に 97 円まで下がったら損切り決済するという注文なので「IFDOCO注文」になります。

ドリル8　問3

（1） は C. ピラミッティング、（2） は B. トレイリングストップ、（3） は D. ドテン、（4） は A. ナンピンと呼ばれる注文形態になります。

ドリル8　問4

トレイリングストップで損切り（利益確定）ラインを引き上げていく場合、直近安値を決済ポイントに設定するのが一般的です。その場合、（1）～（4）に為替レートが達したときの利益確定ラインは図のようになります。

ドリル9　問1

買いでエントリーした場合、当初の損切りラインは直近につけた安値に設定するのが一般的です。予想通り上昇した場合も直近の安値や下にある移動平均線まで下がったら利益確定といった目安を見つけましょう。

ドリル9　問2

売りでエントリーした場合、当初の損切りラインは直近につけた高値に設定するのが一般的です。予想通り下落したあとは、直前につけた高値などに利益確定ラインを引き下げいくトレイリングストップで利益を伸ばします。

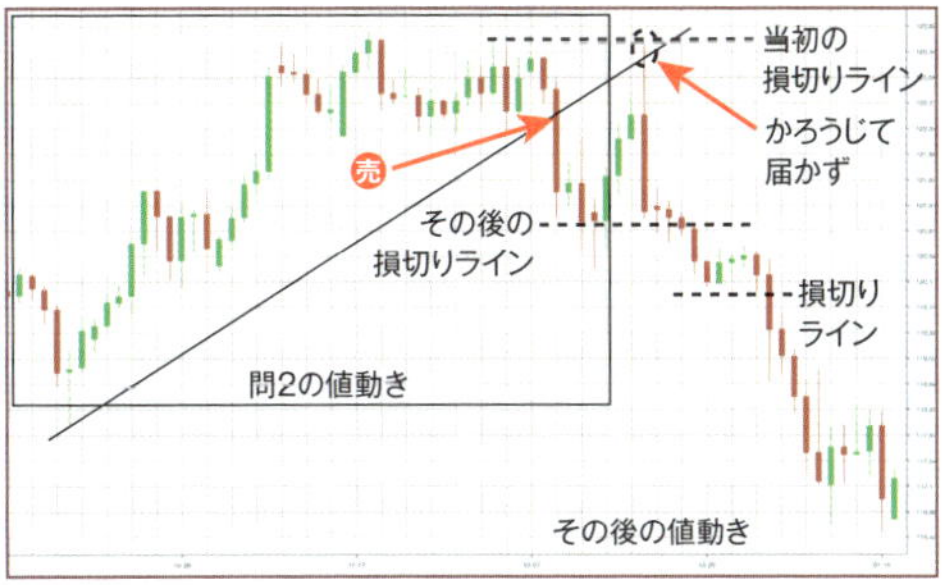

ドリル9　問3

レンジ相場で売り取引をした場合、当初の損切りラインのレンジ上限に相当する高値に設定するのが一般的。反対に利益確定ラインはレンジの下限近辺に設定。問3の場合はその後、為替レートがレンジ上限を上放れて上昇。損切りラインを設定していないと大損するところでした。

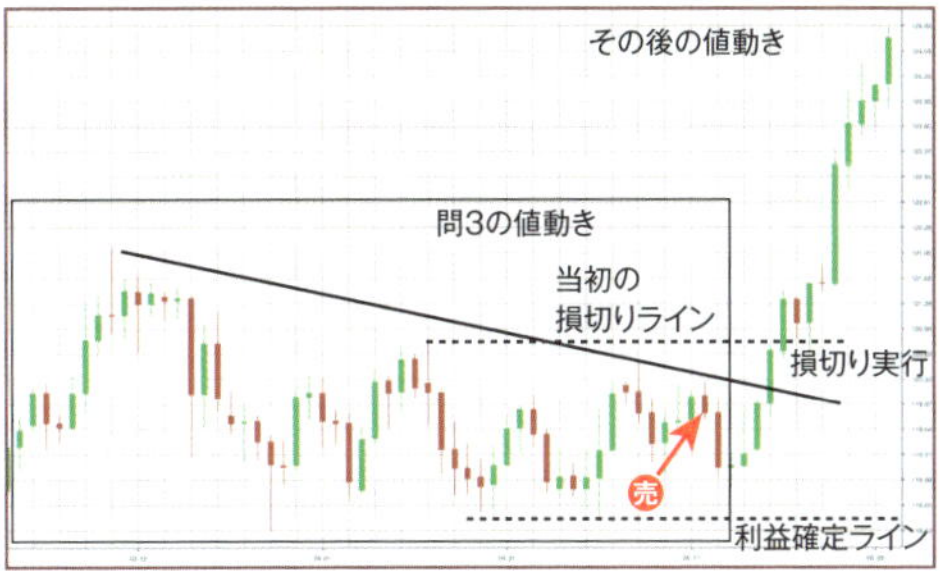

ドリル9　問4

移動平均線を使った買いポジションの利益確定ポイントとしては、為替レートが移動平均線割れした時点が妥当です。ただ右の図のように上昇トレンドのサポートラインを引いて、そこを割り込んだら早めに利益確定するのもありです。

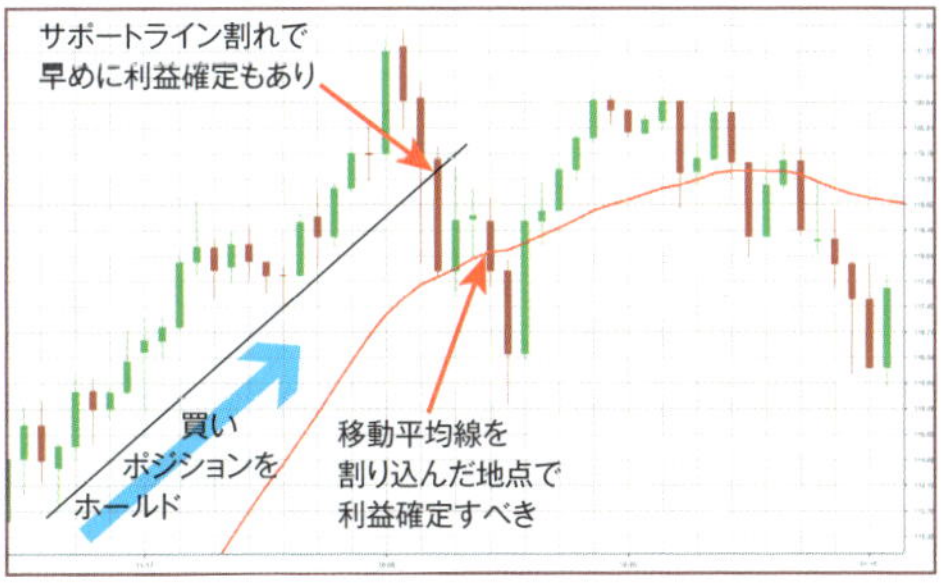

私が愛用しているのは一目均衡表の雲と遅行線、そしてMACD

セミナーの講師だけでなく、毎日、毎週、自社ホームページに各通貨ペアの目標レンジや相場の展開予想を執筆するのも私の大切な仕事です。

目標レート算出などで私が愛用しているのは、120日・200日移動平均線のほか、一目均衡表やMACDなどです。

一目均衡表は為替レートの抵抗帯・支持帯となる雲が26日先まで張り出しているため、その雲を頼りに「下にある雲がサポート役となって、その上限ラインの上を値動きする」とか、「目の前に分厚い雲が垂れ込めているので、その下に潜り込むような値動きをしそうだ」といった相場展望を立てるのに非常に便利です。

一目均衡表の遅行線は現在の値動き（日々線）を26日分過去にずらしただけの線ですが「遅行線と日々線のデッドクロスで下落、ゴールデンクロスで上昇」は非常によく当たるシグナルなので重宝しています。

また「MACDとシグナルのゴールデンクロスで上昇、デッドクロスで下降」という売買サインは、シグナル点灯の早さが大きな魅力です。MACDとシグナルがもつれあうような横ばい相場ではダマシが多く使いものになりませんが、長期的な値動きの潮流から短期・中期的なうねりまで、トレンドが発生する初動段階を素早く細かく教えてくれます。

Lesson

5

勝つために
押さえておきたい予備知識

証拠金の仕組みがわかれば怖くない

証拠金は損益の決済だけに使われる

証拠金取引とは? → 通貨の受け渡しを先送りして損益だけを日々決済する取引

■これが「差金決済」

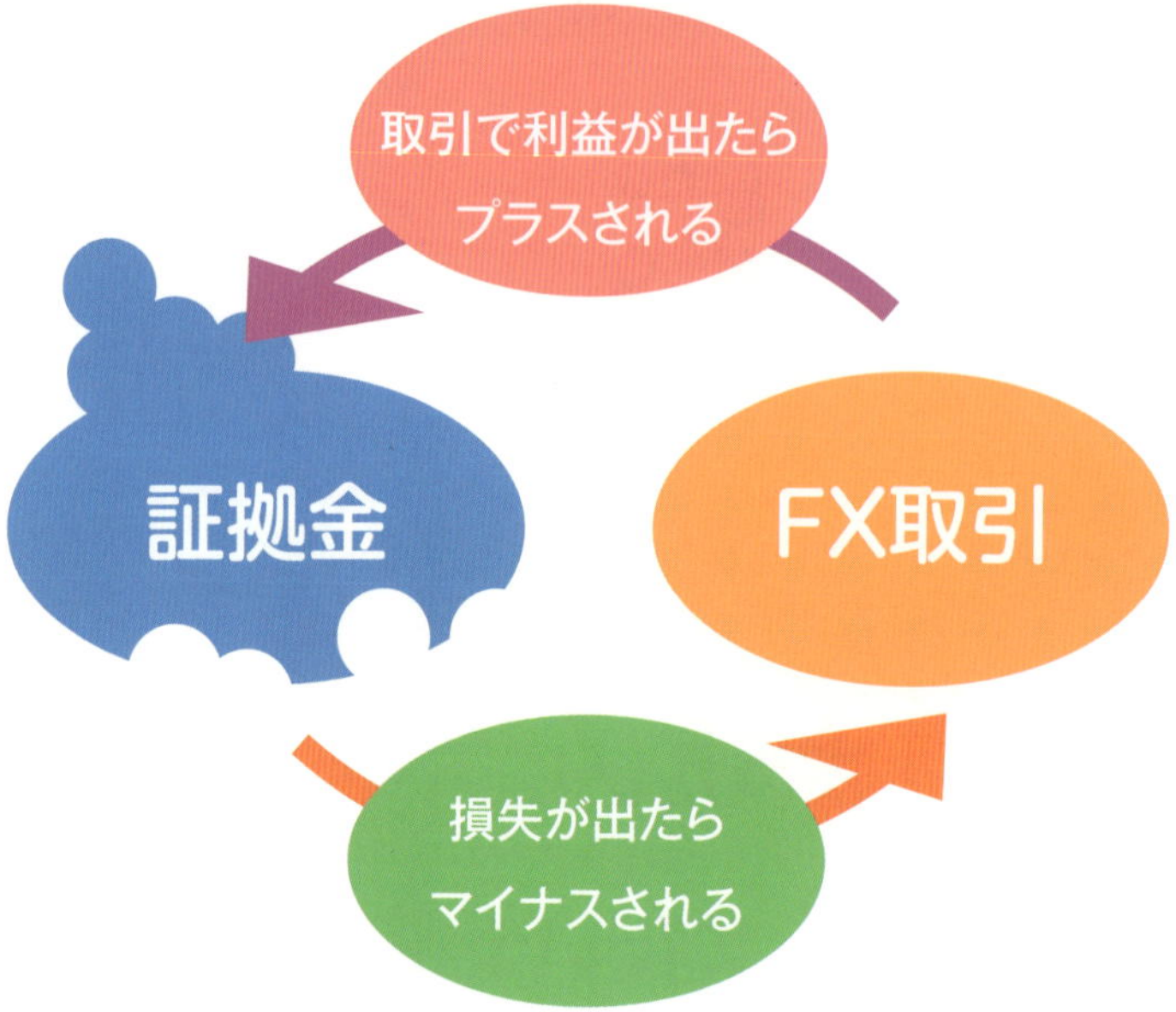

ＦＸは「**外国為替証拠金取引**」と呼ばれ、為替取引で生じた利益や損失のみを証拠金で清算する仕組みになっています。これを「**差金決済**」といい、元手以上の大きなお金を動かせたり、保有してもいない外貨を売る取引ができるのはそのせいです。ポジションを決済するまで、ＦＸ会社が実際の通貨の受け渡しを繰り延べ（「**ロールオーバー**」といいます）てくれるので、投資家は取引総額すべてを支払わずに、損益だけの決済で元手以上のポジションを維持できます。証拠金制度だからこそ、運用次第では比較的短期間で資産を増やすことができるのです。

5-2

強制決済はリスク拡大を防ぐ安全弁

ロスカットルールをしっかり理解しておこう

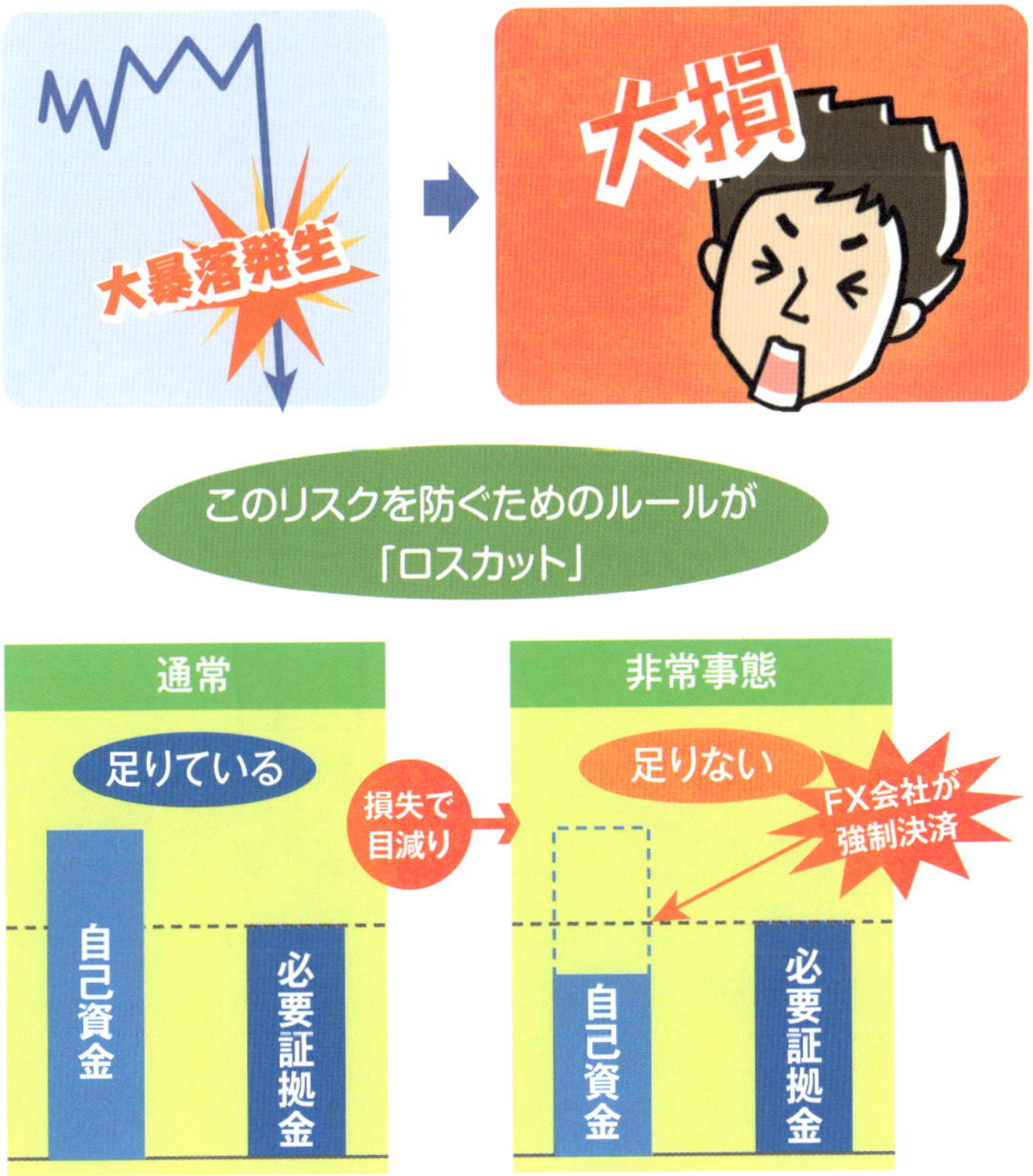

ＦＸ各社には投資家の損失が拡大すると、その保有ポジションを強制決済するルールがあり、これを「**ロスカット**」といいます。外為オンラインの場合、証拠金が目減りし必要な額を下回ってしまうと、毎朝6時45分（欧米が夏時間採用のときは午前5時45分）時点で全保有ポジションを成行決済するルールになっています。これ以外にも、自己資金が必要証拠金の20％以下になるなど、より深刻な場合は即座にロスカットされるコースもあります。「強制決済」というとイメージが悪いですが、損失拡大を防ぐためのセーフティネットと考えましょう。

FXの税金をよく理解して節税しよう

ＦＸで節約する方法はこれだ！

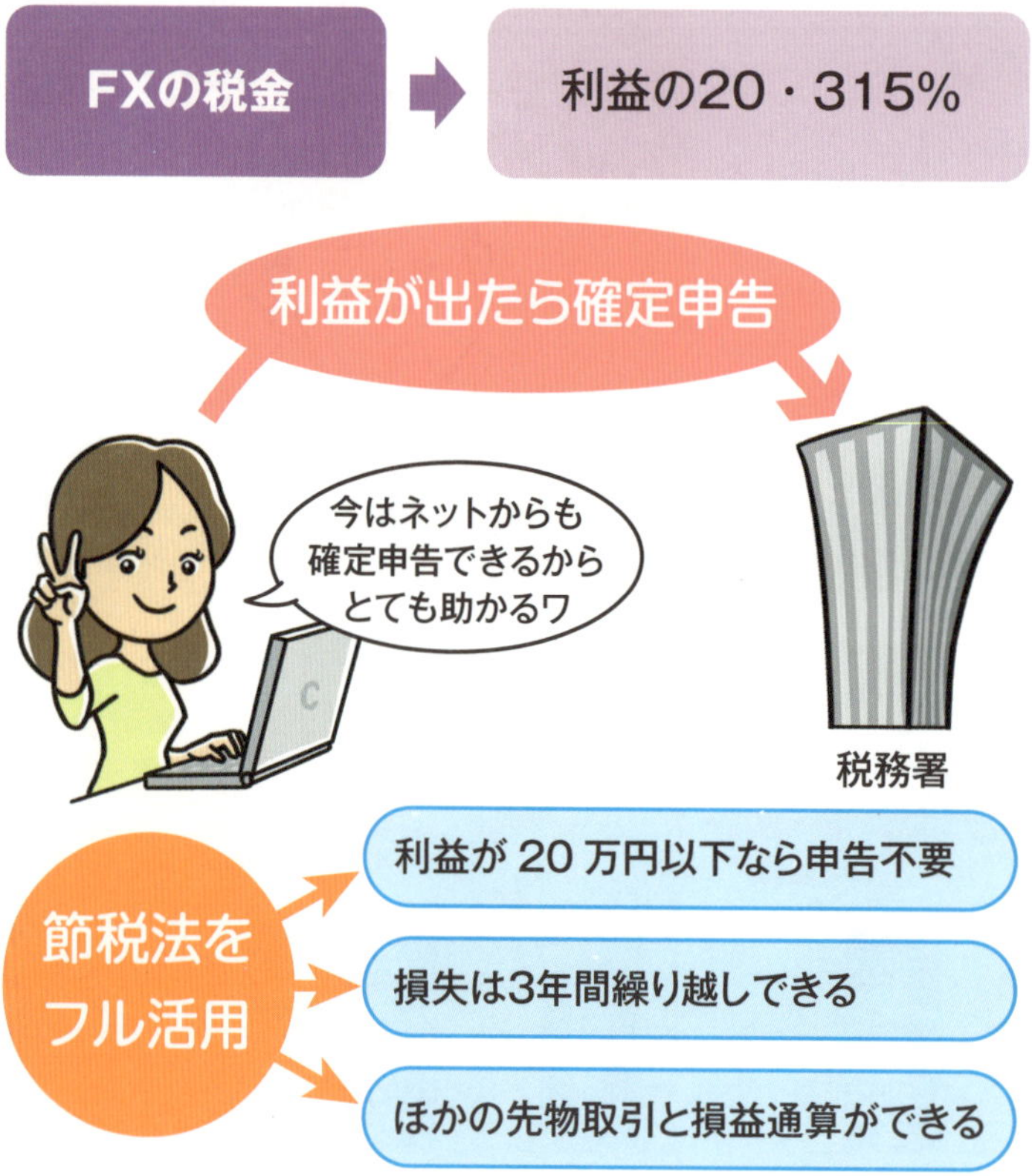
FXの税金
利益の20・315%
利益が出たら確定申告
今はネットからも
確定申告できるから
とても助かるワ
税務署
節税法を
フル活用
利益が 20 万円以下なら申告不要
損失は3年間繰り越しできる
ほかの先物取引と損益通算ができる

ＦＸの利益は「**雑所得**」に分類され、**申告分離課税**の対象です。税率は**所得税**と**復興特別所得税**、**住民税**を合わせて**20・315%**。ただし、年間利益が20万円以下の場合は例外を除いて確定申告の必要がなく、非課税です。たとえば利益が25万円程度なら、20万円以下に圧縮したほうが節税になる場合もあります。また、ＦＸで利益が出ても、日経２２５先物など「先物取引に係る雑所得等」として合算されるほかの取引で損していれば、損益通算が可能です。損失は3年間繰り越しでき、利益と相殺できるので、損失が出たときこそ確定申告しましょう。

重要指標発表時の乱高下には要注意！

重要指標発表時はハイリスク・ハイリターン

米国雇用統計発表の日などは相場が急激に変動

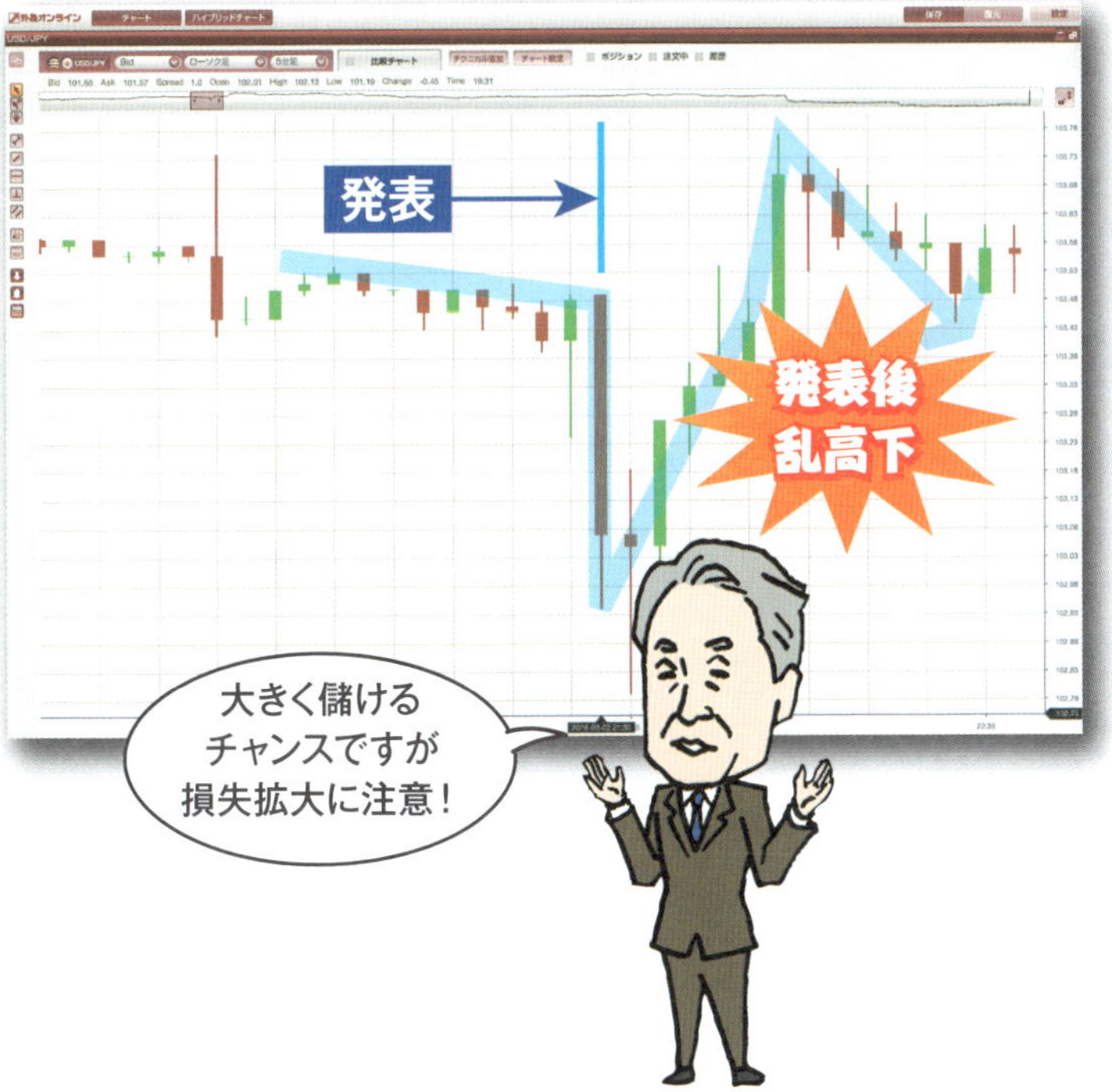
発表
発表後
乱高下
大きく儲けるチャンスですが損失拡大に注意！

主要な経済指標の発表後は、相場が急変動しがちです。ここ数年では米国雇用統計発表後の乱高下が有名です。年8回開催される米国の**FOMC**（**連邦公開市場委員会**）や同じく年8回の**日銀金融政策決定会合**でも、新たな金融政策が飛び出せば、市場は大きく動きます。海外のニュースが発表されるのは日本では夜中なので、スヤスヤ眠っている間に大損失という事態には注意しましょう。

むろん、発表がサプライズなものであれば、チャンス到来ともいえますが、相場が落ち着いた後、形成されるトレンドに乗る方が賢明です。

5-5 情報ツールを武器として使いこなそう

無料情報をフル活用しよう！

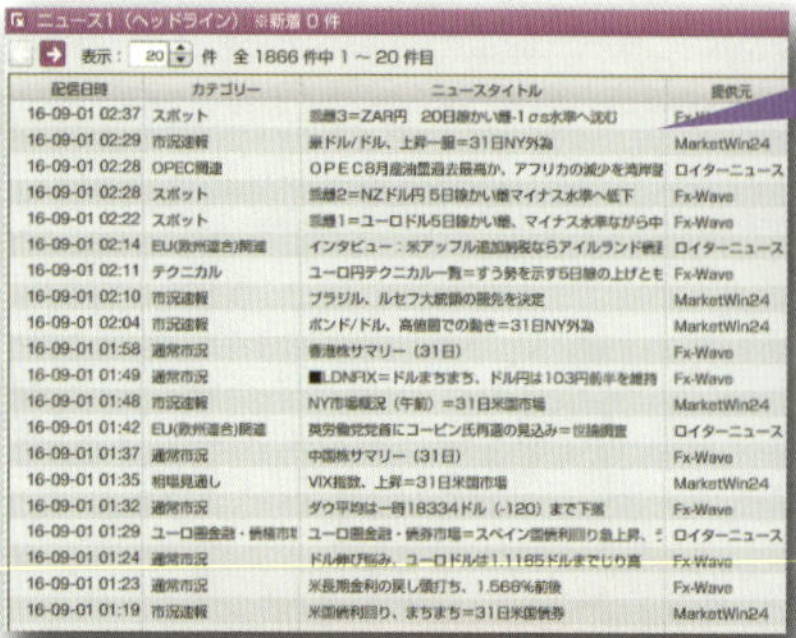

ニュース1（ヘッドライン）※新着 0 件

表示：20 件　全 1866 件中 1 ～ 20 件目

配信日時	カテゴリー	ニュースタイトル	提供元
16-09-01 02:37	スポット	乖離3=ZAR円　20日線かい離-1σs水準へ沈む	Fx-W
16-09-01 02:29	市況速報	豪ドル/ドル、上昇一服=31日NY外為	MarketWin24
16-09-01 02:28	OPEC関連	ＯＰＥＣ8月産油量過去最高か、アフリカの減少を湾岸埋	ロイターニュース
16-09-01 02:28	スポット	乖離2=NZドル円 5日線かい離マイナス水準へ低下	Fx-Wave
16-09-01 02:22	スポット	乖離1=ユーロドル5日線かい離、マイナス水準ながら中	Fx-Wave
16-09-01 02:14	EU(欧州連合)関連	インタビュー：米アップル追加納税ならアイルランド減	ロイターニュース
16-09-01 02:11	テクニカル	ユーロ円テクニカル一覧=すう勢を示す5日線の上げとも	Fx-Wave
16-09-01 02:10	市況速報	ブラジル、ルセフ大統領の罷免を決定	MarketWin24
16-09-01 02:04	市況速報	ポンド/ドル、高値圏での動き=31日NY外為	MarketWin24
16-09-01 01:58	通常市況	香港株サマリー（31日）	Fx-Wave
16-09-01 01:49	通常市況	■LDNFIX=ドルまちまち、ドル円は103円前半を維持	Fx-Wave
16-09-01 01:48	市況速報	NY市場概況（午前）=31日米国市場	MarketWin24
16-09-01 01:42	EU(欧州連合)関連	英労働党党首にコービン氏再選の見込み=世論調査	ロイターニュース
16-09-01 01:37	通常市況	中国株サマリー（31日）	Fx-Wave
16-09-01 01:35	相場見通し	VIX指数、上昇=31日米国市場	MarketWin24
16-09-01 01:32	通常市況	ダウ平均は一時18334ドル（-120）まで下落	Fx-Wave
16-09-01 01:29	ユーロ圏金融・債権市	ユーロ圏金融・債券市場=スペイン国債利回り急上昇、	ロイターニュース
16-09-01 01:24	通常市況	ドル伸び悩み、ユーロドルは1.1185ドルまでじり高	Fx-Wave
16-09-01 01:23	通常市況	米長期金利の戻し値打ち、1.566%前後	Fx-Wave
16-09-01 01:19	市況速報	米国債利回り、まちまち=31日米国債券	MarketWin24

取引画面のニュース欄で市況チェック

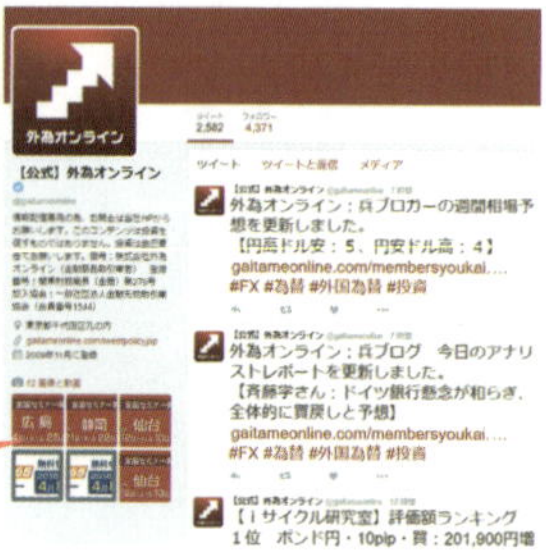

FX 会社や投資家のツイッターなども注目！

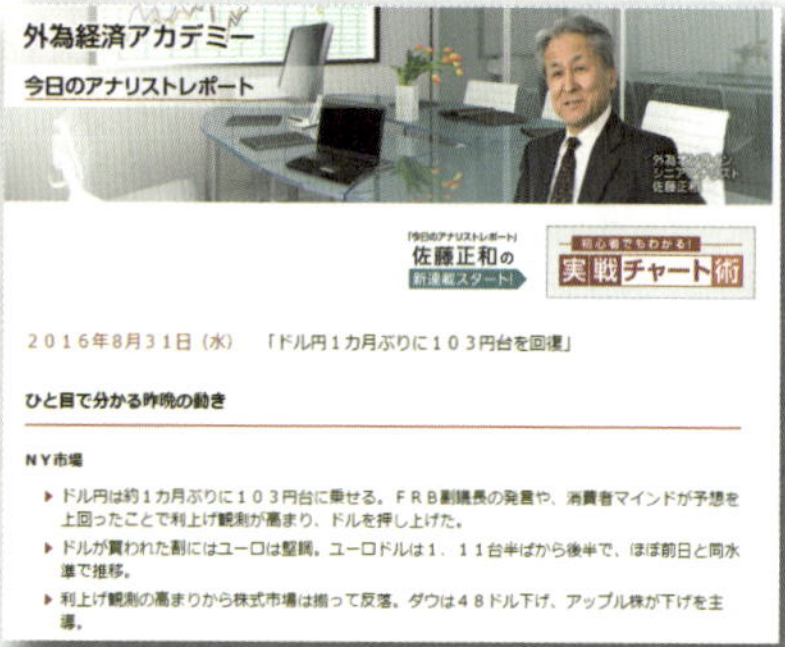

外為経済アカデミー

今日のアナリストレポート

「今日のアナリストレポート」佐藤正和の新連載スタート！

初心者でもわかる！実戦チャート術

２０１６年8月３１日（水）　「ドル円１カ月ぶりに１０３円台を回復」

ひと目で分かる昨晩の動き

ＮＹ市場

- ドル円は約１カ月ぶりに１０３円台に乗せる。ＦＲＢ副議長の発言や、消費者マインドが予想を上回ったことで利上げ観測が高まり、ドルを押し上げた。
- ドルが買われた割にはユーロは堅調。ユーロドルは１．１１台半ばから後半で、ほぼ前日と同水準で推移。
- 利上げ観測の高まりから株式市場は揃って反落。ダウは４８ドル下げ、アップル株が下げを主導。

FXの情報収集でオススメなのは、FX会社の取引画面に表示できるニュースツールです。ロイターなど海外メディアが発信するニュースを横目に見ながらトレードできるので、とても役に立ちます。情報活用の極意は、個別ニュースにいちいち反応せず、ニュースの傾向がポジティブかネガティブか、全体のトレンドを読むこと。**FX会社の多くは、ツイッターやフェイスブックでも頻繁に情報配信しているのでこまめにチェックしましょう。**成功した投資家のブログやツイッターをフォローし、その投資手法から学ぶのもFX上達の近道です。

FXにもメンタルトレーニングが必要

スポーツ選手のようにメンタルトレーニングを活用

瞑想
自分の感情や欲望を客観視
リラクゼーション
深呼吸、座禅、有酸素運動で体調と心を管理
プラス思考
損切りして「スッキリ」利益確定して「感謝」
すべての結果を想定の範囲内に
勝っても負けても冷静な判断ができるように成功シナリオと失敗シナリオをイメージトレーニング

勝敗を競うという意味でFXはスポーツに似た部分も多いので、スポーツ選手が行うようなメンタルトレーニングも有効です。サッカー選手は、後半ラスト5分で敵に逆転ゴールを決められたとしても、それを想定して、次の作戦を用意しておけば、平常心を保てるそうです。**FXでも自分の予想が外れた場合にどうするかを事前に決めておけば慌てることはないはずです。**また、ポジティブ思考も大切です。損切りしても「これ以上損が膨らまなくてラッキー」と素早く心のスイッチを切り替えられるように普段からイメージトレーニングしておきましょう。

ドリル 10

FXのリスクについて考えよう！

問1

FXでは証拠金制度を使うことで効率よく資産が増えます。米ドル／円を1ドル100円のときに買う場合、以下の文章の空欄を埋めてください。

(A) 元手10万円で米ドル／円を1万通貨買いました。
元手が倍増するのは1ドル（　①　）円になったときです。

(B) 2万通貨の取引に必要な証拠金は（　①　）円、
3万通貨なら（　②　）円になります。

(C) 10万円の元手で2万通貨買ったとき、FX会社にロスカットされてしまうのは1ドルが（　①　）円以下になったときです。

(D) ドル／円を4万通貨買うと1円の上下動で損益は（　①　）円です。
このポジションを保有するのに必要な証拠金は（　②　）円です。
元手が20万円の場合、含み損が（　③　）円発生すると証拠金が必要証拠金と同額になります。そのときのレートは1ドル（　④　）円です。

問2

以下の文章はFXの税金に関するものです。空欄を埋めてください。

FXの利益は（　①　）所得に分類され、ほかの先物取引の損益とともに、（　②　）分離課税方式で課税されます。その税率は（　③　）%で、所得税が（　④　）%、住民税が5%、復興特別所得税が0.315%の内訳になります。ただし年間（　⑤　）万円以下の利益は例外的な人を除き申告不要です。その年に損失が出た場合、確定申告するとその損失を（　⑥　）年間繰り越して、その間に出た（　⑦　）と相殺できます。

問3

図は2016年6月24日に英国でEU離脱の国民投票が行われた前後の1時間足チャートです。このような相場の急変動の際に行ってはいけないものはA～Dのうちどれでしょうか?

(A) ドテン (買→売)

(B) レバレッジ20倍の取引 (売)

(C) ピラミッティング (売)

(D) ナンピン (買)

問4

FXの値動きに大きな影響を与える以下のイベントは日本時間の何時に起きますか? 標準時間で答えてください。

①米国ニューヨーク株式市場オープン

②米国雇用統計

③米国FOMCの結果発表

ドリル 10の答え

ドリル10　問1

(A)　① 110

米ドル／円 1 万通貨の買いでは 10 円上昇すると 10 万円の利益になり、元手が倍増します。

(B)　① 8 万

② 12 万

FXでは投資総額の 4%（レバレッジ25倍の逆数）が必要証拠金になります。

(C)　① 99 円

1 ドル 100 円のとき、２万通貨保有に必要な証拠金は「100 円× 2 万通貨」÷ 25（最大レバレッジ）で8万円です。元手が10万円の場合、為替レートが 1 円変動して99円になると「1 円× 2 万通貨＝ 2 万円」の含み損となるため、証拠金が必要額（8万円）を下回り、ロスカットされます。

(D)　① 4 万

② 16 万

③ 4 万

④ 99

ドル／円 4 万通貨の売買では、１円の値動きで 4 万円の損益になります。1 ドル 100 円のときに取引した場合、必要証拠金は 16 万円です。

ドリル10　問2

① 雑

② 申告

③ 20.315

④ 15

⑤ 20

⑥ 3

⑦ 利益

FXの利益は税制上、「先物取引に係る雑所得等」に分類されています。同じ分類なのは、取引所を介して為替の取引をおこなう株の日経225先物・オプション取引、CFD、カバードワラント、商品先物取引などです。これらの取引で得た年間損益を通算して利益が出た場合は、自ら確定申告して「申告分離課税」（他の所得から分離され、一律の税率で課税）の適用を受ける必要があります。

ドリル10　問3

（B）、（D）

相場が大暴落している最中にナンピン買いして買い下がるのは自殺行為です。また、たとえ売り取引でもレバレッジ 20 倍だと激しいリバウンド上昇で大きな損失を抱える可能性も高く危険です。

ドリル10　問4

①午後 11 時 30 分

②午前 10 時 30 分

③午前4時頃（夏時間では 3 時）

米国FOMCは年8回、1～2日の日程で開かれ、日本時間深夜4時（夏時間では3時）頃に声明が発表されます。四半期末の会合ではFRB議長の記者会見が行われるため、重要度が高まります。

レバレッジ規制あり、暴落あり…。FXの歴史を振り返る

日本でFXが始まったのは1998年の「日本版金融ビッグバン」からですが、爆発的に普及したのは外為オンラインが設立された2003年頃からです。まだレバレッジ規制がなかったため、中には最大で700倍のレバレッジをかけて投資できるFX会社もありました。

当時は円安トレンドが続き、高金利の外貨に投資すると値上がり益だけでなく高額のスワップポイントをもらえることもあって、FXが大ブームに。日本の個人投資家は“ミセスワタナベ”という呼び名で海外でも注目されるほどの存在になりました。

その後、レバレッジは2010年8月に50倍、11年8月には25倍までに規制されましたが、08年のリーマンショックを筆頭に、10年のユーロ危機、11年の東日本大震災など、1年に数回は為替相場がパニックに見舞われ、一部の投資家が強制決済の憂き目にあう状況が続いています。

とはいえ、最近は「自動売買」がブームになるなど、FXはすっかり日本人の資産形成ツールとして定着しました。2013年からはアベノミクスによる円安トレンド復活で取引高が急増し、2015年度の取引金額は5524兆円と過去最高を更新。今後もますます普及していくでしょう。

Lesson

6

「ここぞ」で勝てる！
デモトレードで底力をつけよう

無料で練習できるデモ口座

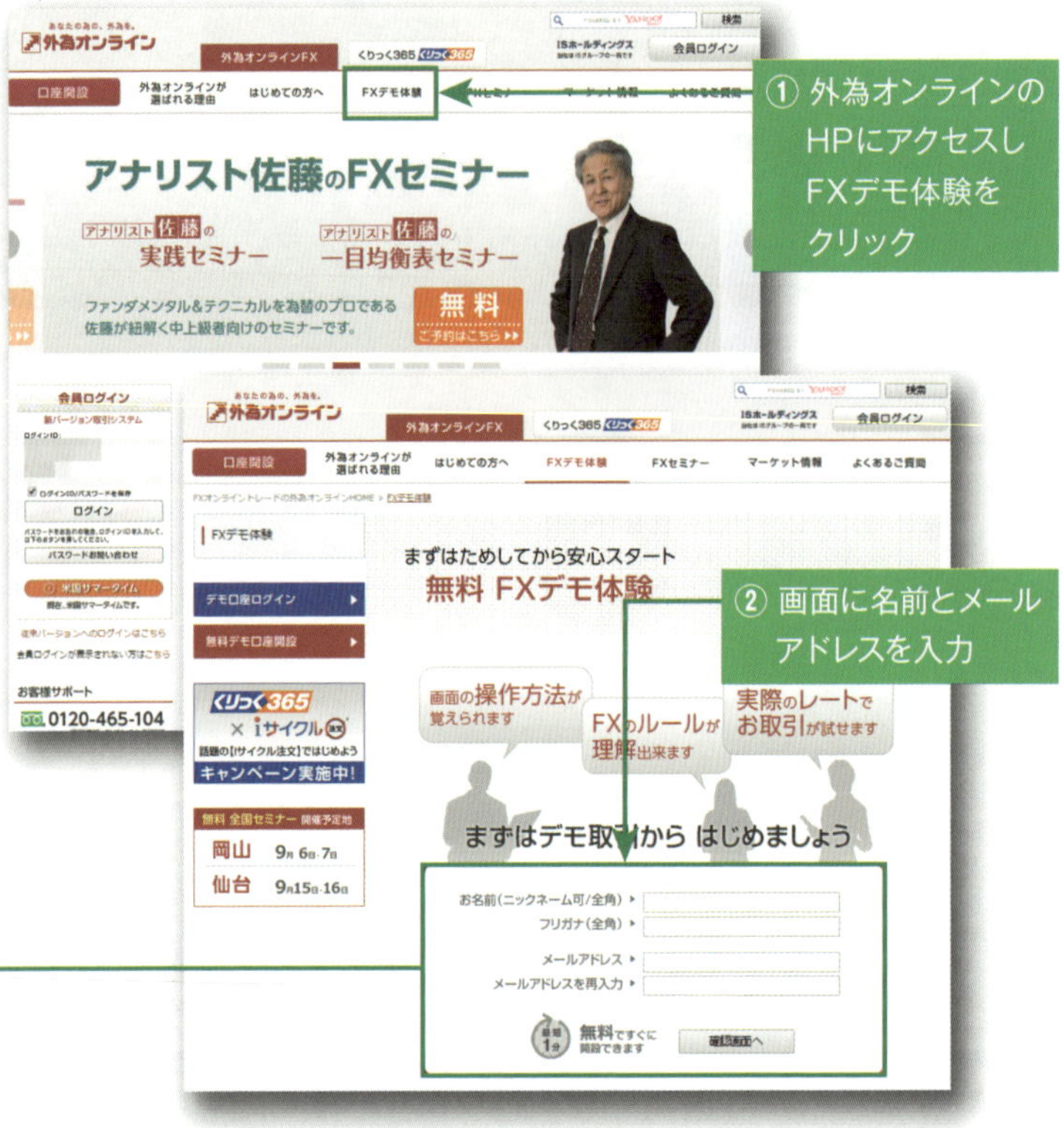

お金を入金しなくても、気軽にＦＸの予行演習ができる**デモトレード**はＦＸ上達の近道です。

外為オンラインの場合、まずはメインホームページ上部の「ＦＸデモ体験」というタブをクリックして申し込み画面にアクセス。記入欄に、名前（ニックネームでもＯＫ）とメールアドレスを入力すると、デモ口座専用のログインＩＤとパスワードがアドレスに送信されます。

その文面上の「ＰＣ版デモログイン」用ＵＲＬをクリックして「デモ口座ログイン」画面に進み、指定されたＩＤ・パスワードを入力すれば、デモ口座にアクセスできます。

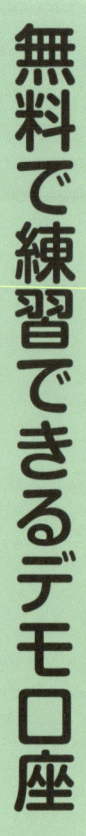

デモ口座は簡単に開設できる！

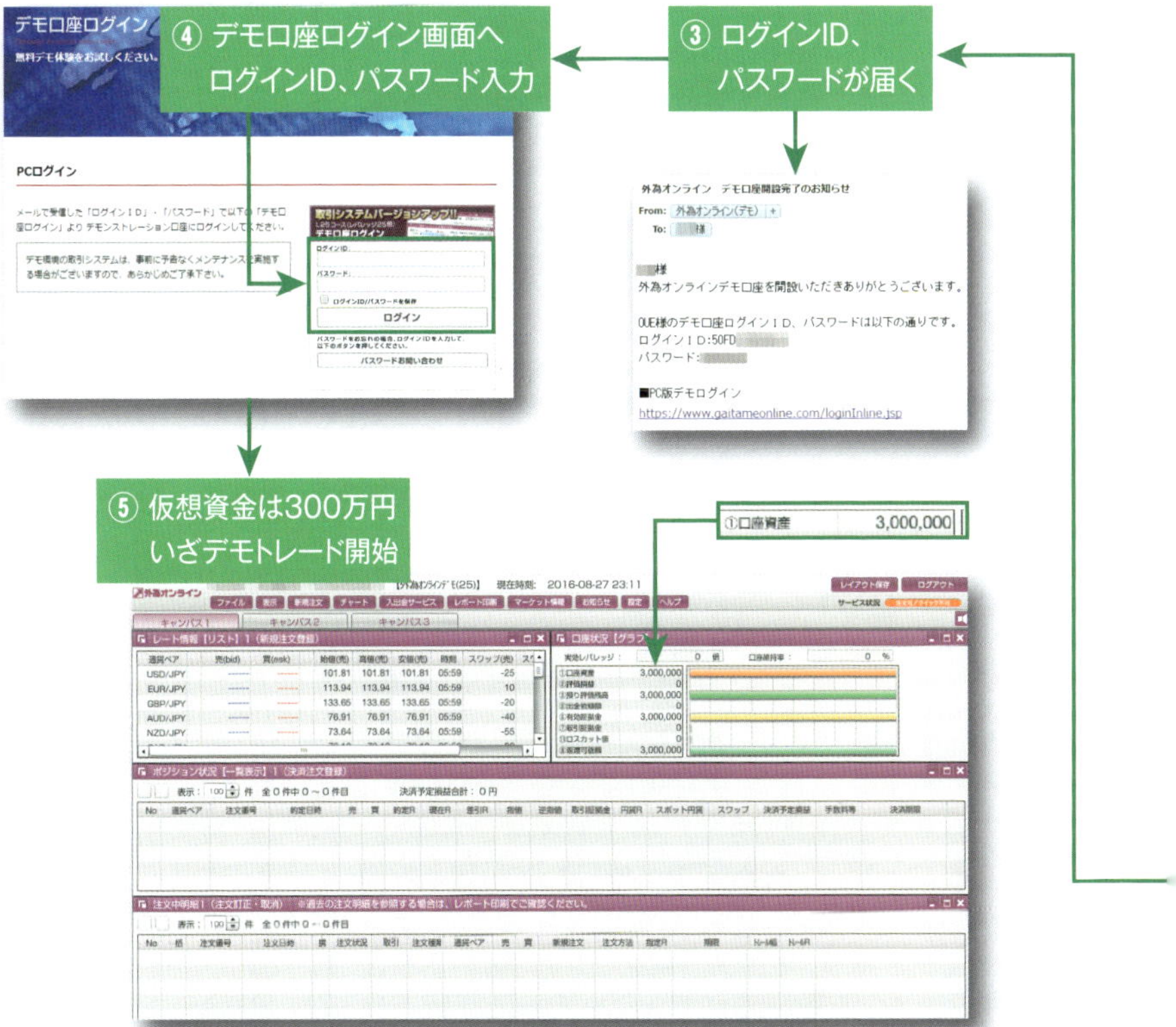

最短で1分程度で開設できるので、その気になった瞬間に完全無料で、すぐさまデモトレードができます。iPhone、アンドロイドといったスマートフォンやタブレット端末、携帯電話用取引画面もあるので、日中、パソコンと向き合うことができない人にもオススメです。

300万円の資金を真剣に増やしてみよう

用意された仮想資金は300万円。**トレードは〝習うより慣れろ〟です。**特に本書の内容は実際にトレードをすることでより深く理解できるはずです。またレッスン3のチャートも実際に使ってその感触をつかむことが大事です。

6-2 ＦＸの取引画面の見方

デモ口座の取引画面は、実際のトレード画面とまったく同じなので、見方、使い方を覚えればスムーズに実戦に移行することができます。

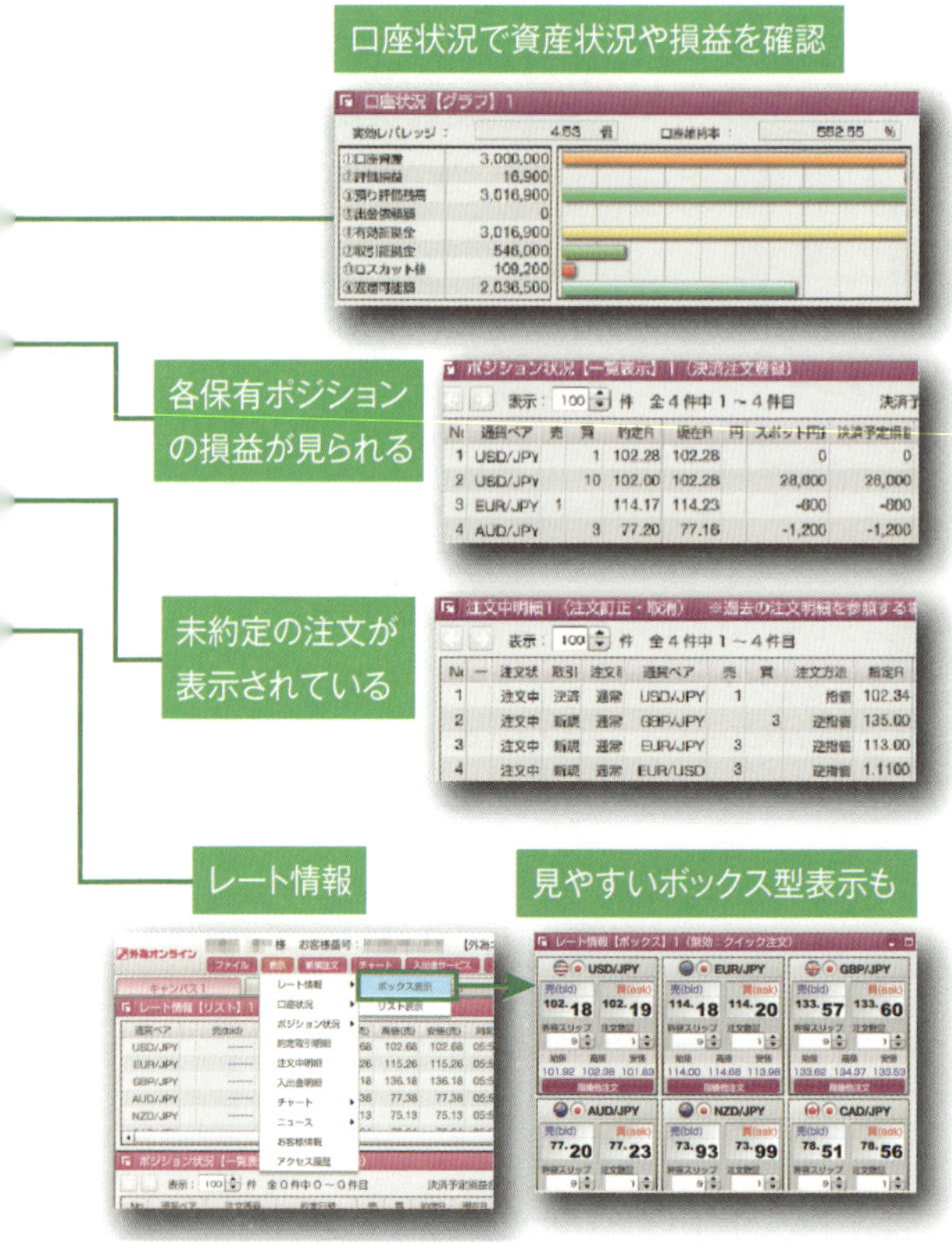

ＦＸで最も大切な情報といえば、「今、為替レートがいくらか?」を示した「レート情報」です。画面の中でも一番見やすい場所に置かれています。画面上で、取引したい通貨ペアをクリックすると自動的に新規注文画面が別ウィンドウで表示され、即座にトレードできます。

また、ＦＸ取引に必要不可欠なものといえば、相場の過去の値動きを示したチャートです。外為オンラインのチャート（ブラウザ版）は、トレンド系・オシレーター系などに分類された26種類のテクニカル指標や各種描画ツールを完備。テクニカル分析に慣れる意味でも、ぜひ使いこなしましょう。

新規に発注した注文はメイン画面下段の「注文中明細1」に表示され、約定すると中段にある「ポジション

デモ画面は実際のものと同じ！

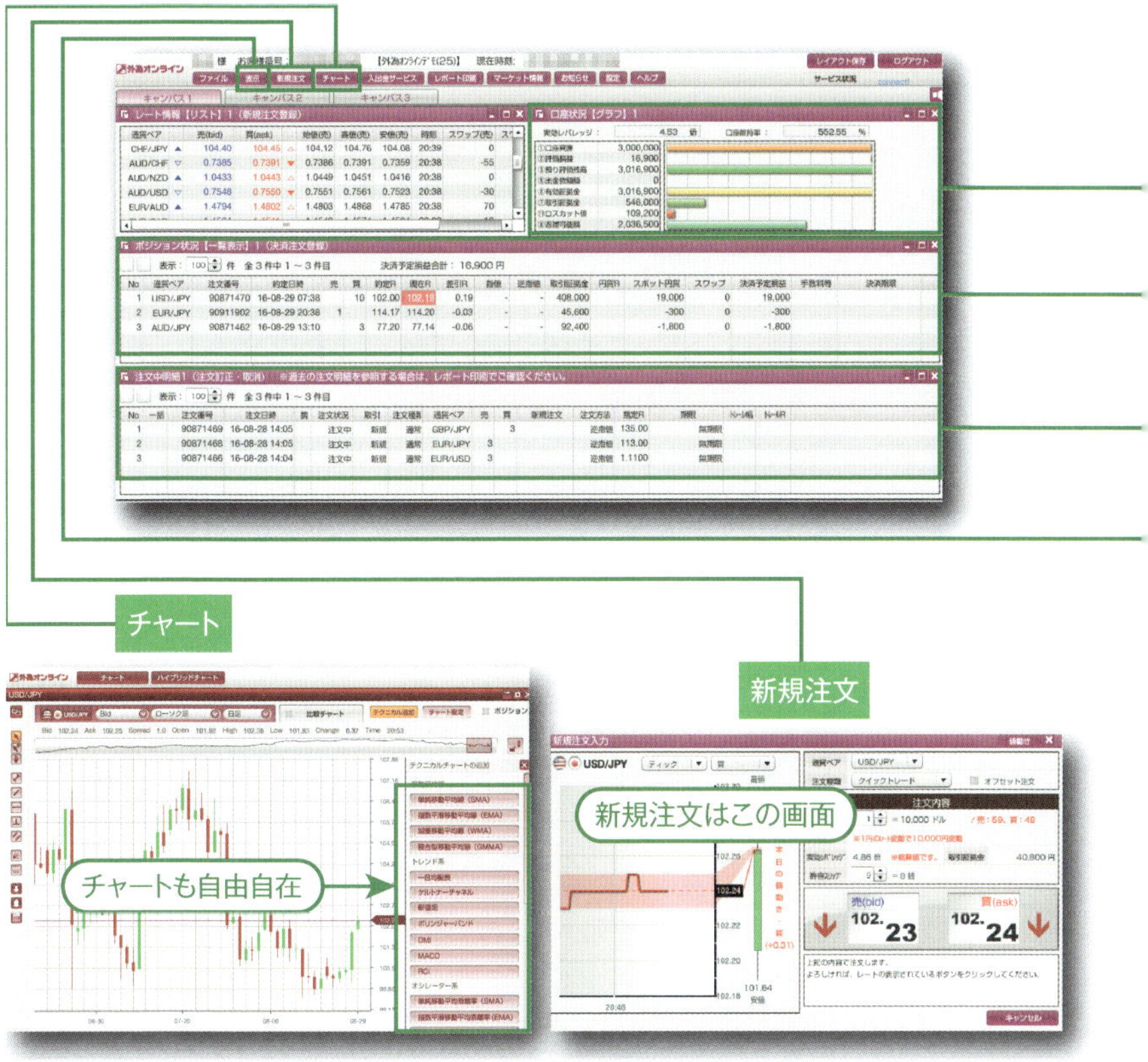

状況」に移ります。

冷静に取引できるのが「一人前」

相場の値動きにともなってリアルタイムで変化する損益を見ると、きっとワクワクドキドキするはずです。その興奮にも慣れて、値動きや損益状況を冷静な目で眺められるようになれば、一人前です。

「自分がいくら儲かっているか？」もチェックしてみましょう。取引画面右上に棒グラフで示された「口座状況」を見ると、口座資産や評価損益が一目瞭然です。デモ取引とはいえ、この画面でしっかり資産を管理して、こつこつ利益を積み上げることで自信をつけましょう！

Lesson

6-3 注文方法もしっかりマスター

初心者の方が戸惑ってしまいがちなのが、ＦＸの注文です。「どの通貨ペアがいいか」「買いか売りか」「何千～何万通貨取引するか」、「どの注文形態にするか」など、入力する項目も多岐に渡り、難しいと感じてしまう方も多いようです。適当に注文してみたら、買いと売りを間違えてしまったり、1万通貨のつもりが10万通貨発注して危ない目にあったりといったこともよく起こります。そうした痛恨のミスが実戦で起こらないように、デモトレードでは何度も注文を繰り返して、注文方法に慣れることが大切です。

確かに自分の判断でいちいちすべてを決めないといけないので大変ですが、重要なのは「通貨ペア」「買いか売りか」「レート」の3つだけです。「為替レートがいくらでも買う／売る」という成行注文（「クイックトレード」ともいいます）を選べば、自分で決めるのは通貨ペアと買いか売りかの2つだけです。

① 新規注文タブから注文方法を選ぶ

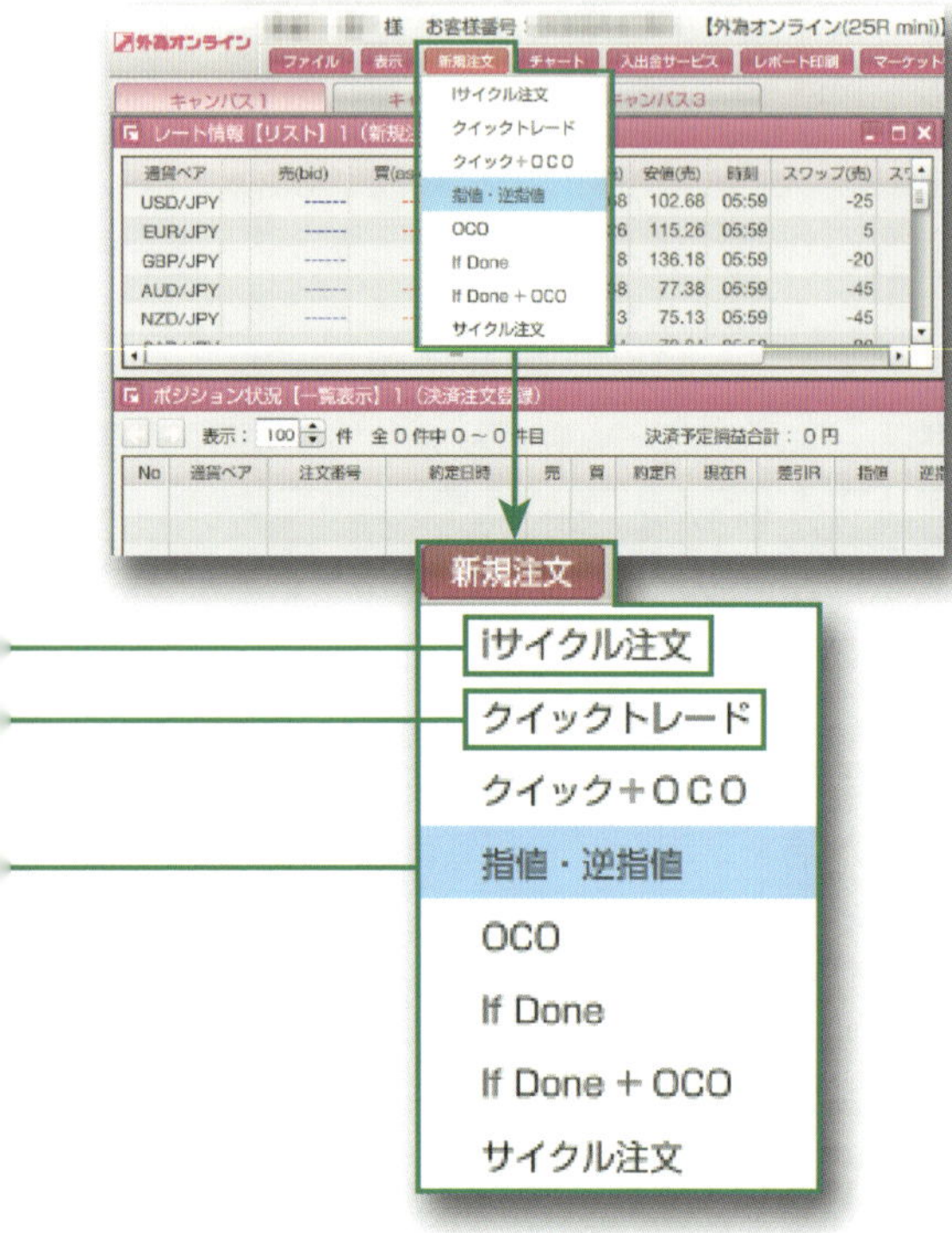

本番で間違えないように！

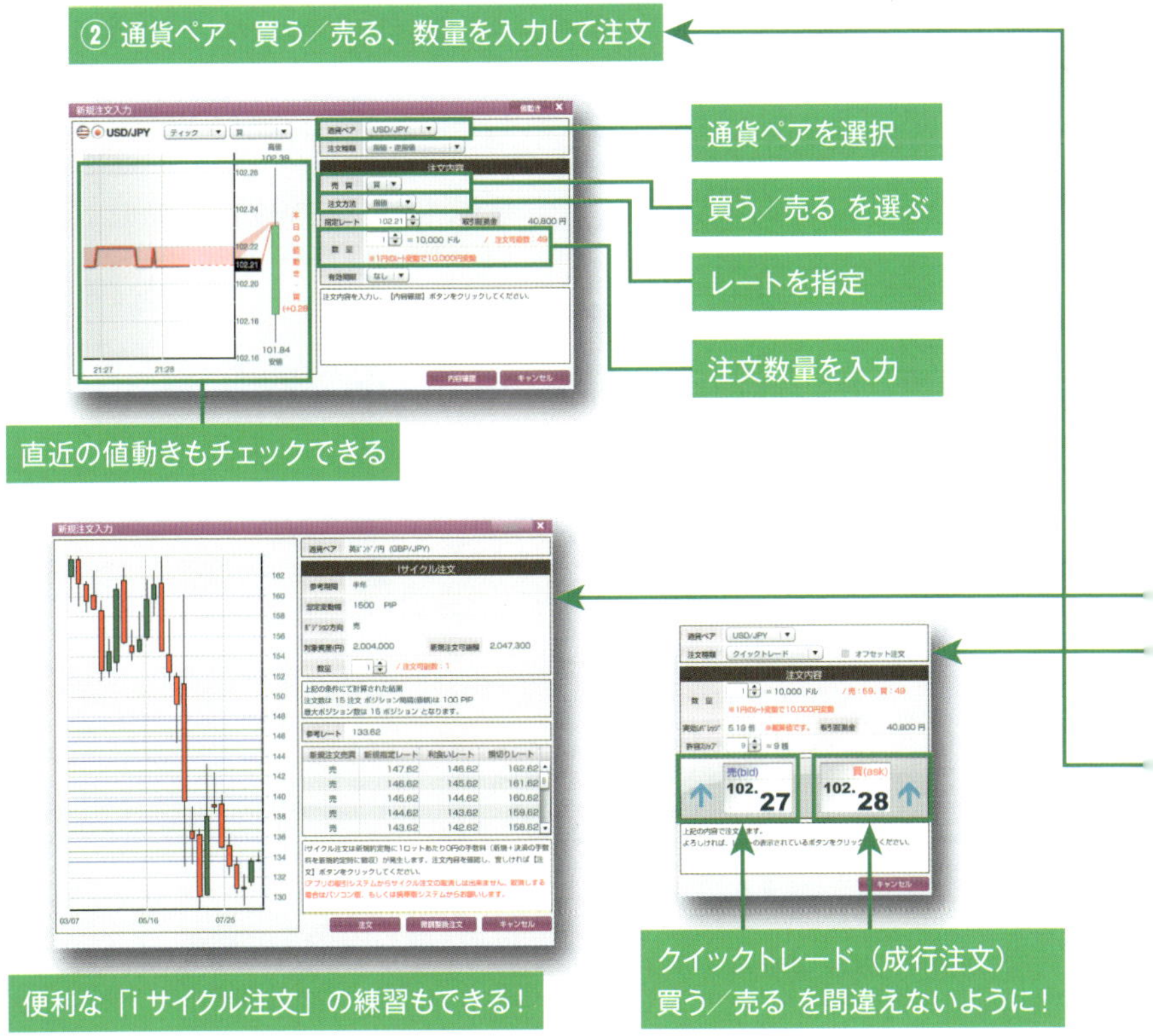
② 通貨ペア、買う／売る、数量を入力して注文
通貨ペアを選択
買う／売る を選ぶ
レートを指定
注文数量を入力
直近の値動きもチェックできる
便利な「i サイクル注文」の練習もできる！
クイックトレード（成行注文）
買う／売る を間違えないように！

まずは、成行注文で発注に対する苦手意識をなくし、次は指値注文、その次は逆指値注文と、より複雑な注文形態にも慣れていきましょう。

リスク管理の登竜門 逆指値を使いこなす

特に逆指値注文は「ここまで上がったら買う、下がったら売る」という、日常生活ではあまり使わない注文なので、慣れるのに多少時間がかかります。しかし、この逆指値注文は「今1ドル100円だけど、99円50銭まで下がったら売り」といった損切り決済によく使う貴重な注文方法です。デモ取引でもどんどん逆指値の損切り注文を出して、リスク管理の仕方を覚えていきましょう！

Lesson 6-4

口座開設して本番に備えよう

口座開設までの手順

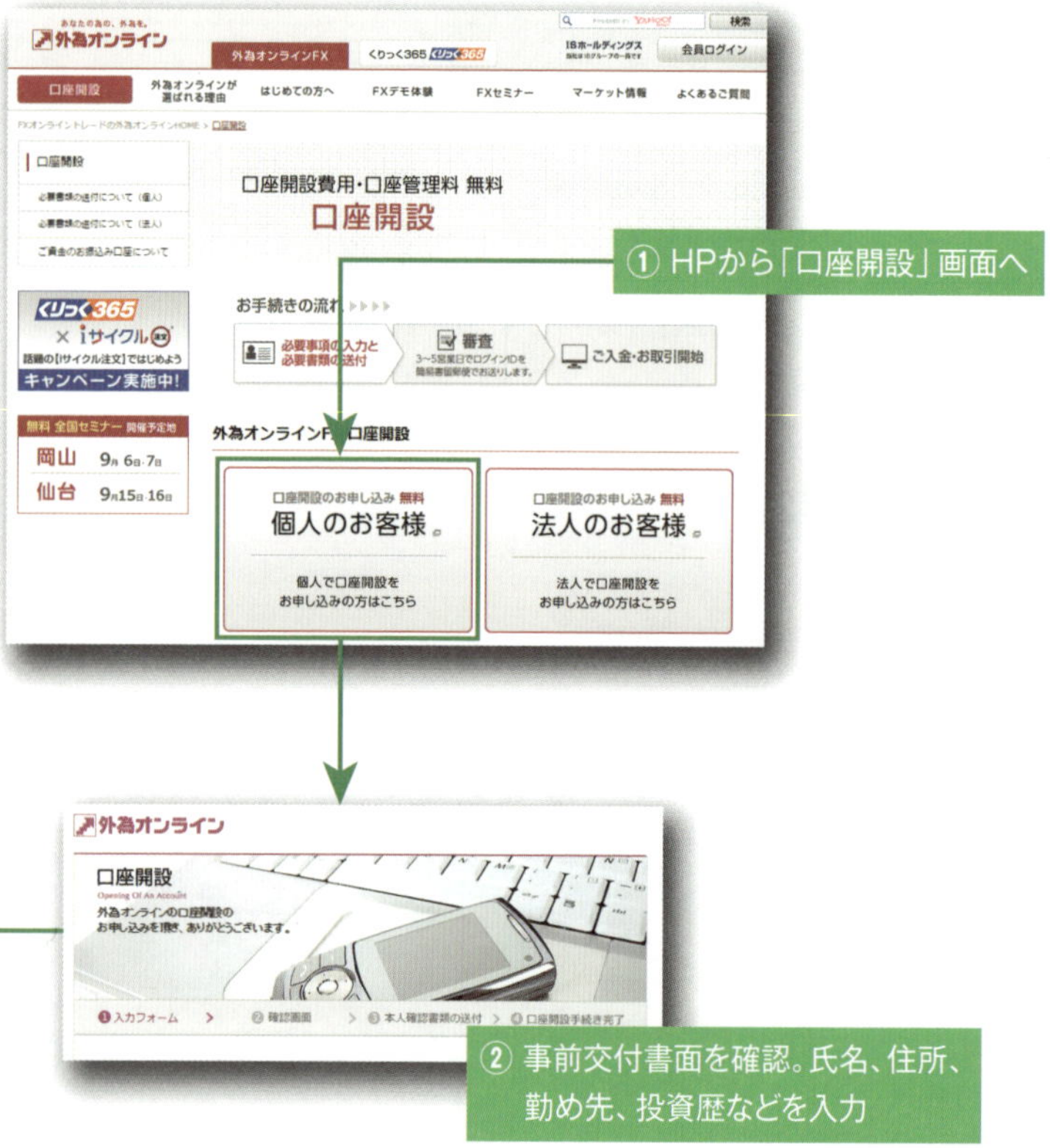

デモ口座で自信が持てたら、いよいよ本口座の開設です。デモ口座のように1分とはいきませんが、1週間程度で簡単に開設できます。

まずは、FX会社のホームページの「口座開設」画面にアクセス。

FXの仕組みやリスク、約束事が書かれた事前交付書面に目を通し、住所、氏名、勤め先、入出金に使う自分名義の銀行口座や投資歴など基本情報を入力して送信します。

本人確認書類のほか マイナンバーも必要に

昔は郵送する必要があった本人確認書類も、最近は画像データをネッ

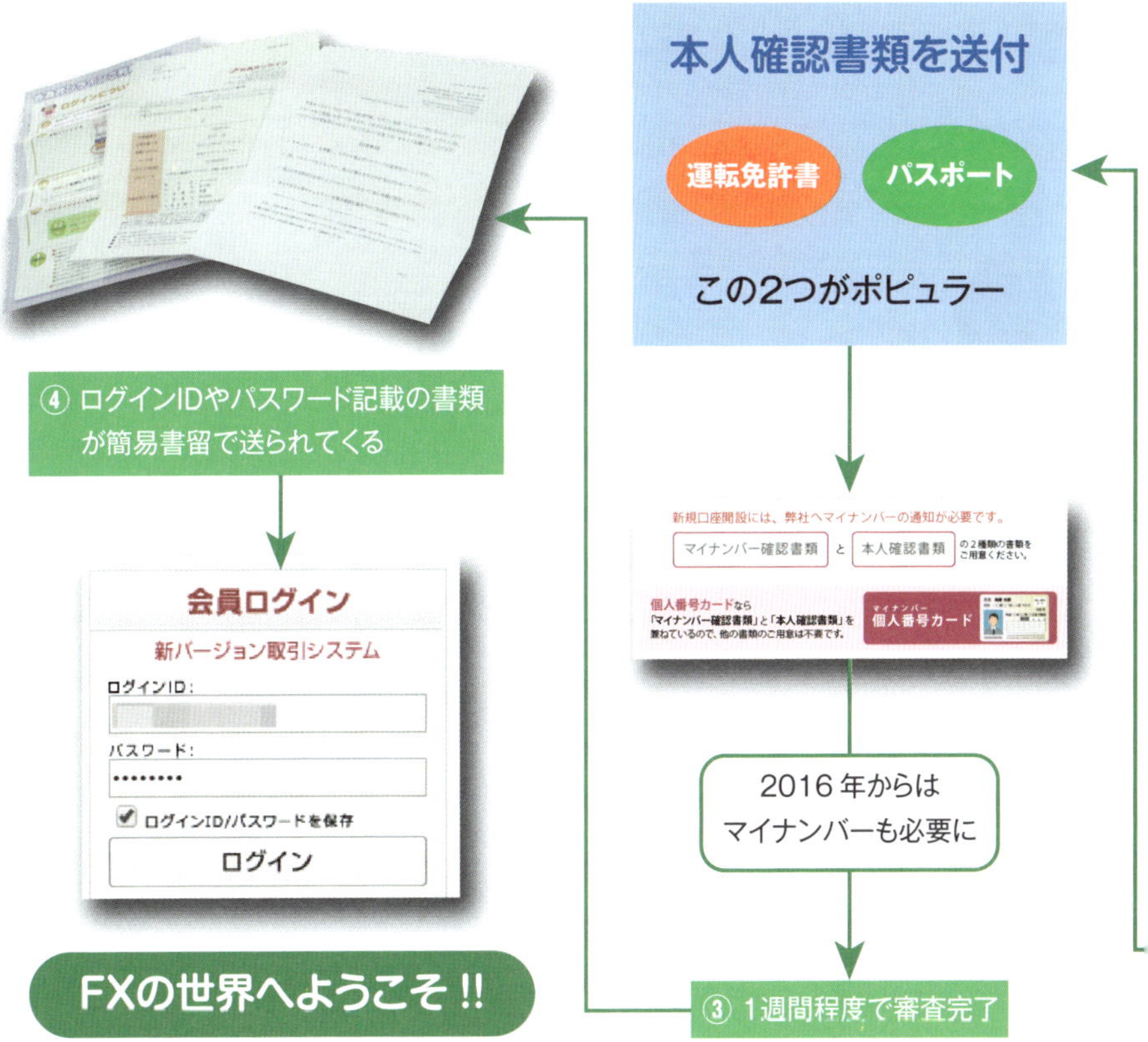
本人確認書類を送付
運転免許書
パスポート
この2つがポピュラー
新規口座開設には、弊社へマイナンバーの通知が必要です。
マイナンバー確認書類
と
本人確認書類
の2種類の書類をご用意ください。
個人番号カードなら
「マイナンバー確認書類」と「本人確認書類」を兼ねているので、他の書類のご用意は不要です。
個人番号カード《マイナンバー》
2016年からは
マイナンバーも必要に
③ 1週間程度で審査完了
④ ログインIDやパスワード記載の書類が簡易書留で送られてくる
会員ログイン
新バージョン取引システム
ログインID：
パスワード：
ログインID/パスワードを保存
ログイン
FXの世界へようこそ!!

※FXには投資リスクが存在しますので、投資に関する最終的な判断および決定は、投資家ご自身の判断でお願いします。

ト経由でアップロードするだけで、簡単に済むようになりました。

ただし、2016年からは**マイナンバー**が必要に。顔写真入りの**マイナンバー個人番号カード**なら本人確認もできるので便利です。

1週間程度で審査が終わると、自宅にログインIDやパスワード、証拠金入金口座などが記載された書類が簡易書留で送られてきます。FX会社のホームページにあるログイン画面に、そのIDとパスワードを入力すれば、晴れて自分名義のFX口座にアクセス成功。あとはお金を入金するだけです！　むろん、FXには投資リスクが存在するので、投資に関する最終的な判断や決定はご自分の判断でお願いします。

セミナーでナマの声を聴こう

私は今も毎週1回のペースで「実践セミナー」を開催しています。内容は本書で紹介したようなファンダメンタルズ分析とテクニカル分析を組み合わせた実践トレードの詳しい解説です。その時々の相場展望もまじえながらお話ししているので、FX取引を実際に行っている中・上級者の方にも参考になると思います。

月1回になりますが、私が愛用する日本生まれのテクニカル指標「一目均衡表」の使い方を集中して解説するセミナーも行っています。

すでにFXを始めた人の弱点克服にも最適！

FXの知識は読書やネット検索でも得られますが、セミナーの利点はお互いに顔を突き合わせて学べる点です。セミナーで聞いた知識や手法はリアルな体験型学習ということもあり、不思議と身について離れず、忘れることがありません。セミナーの最後には質問時間も用意されてい

セミナーに参加してFXを学ぼう

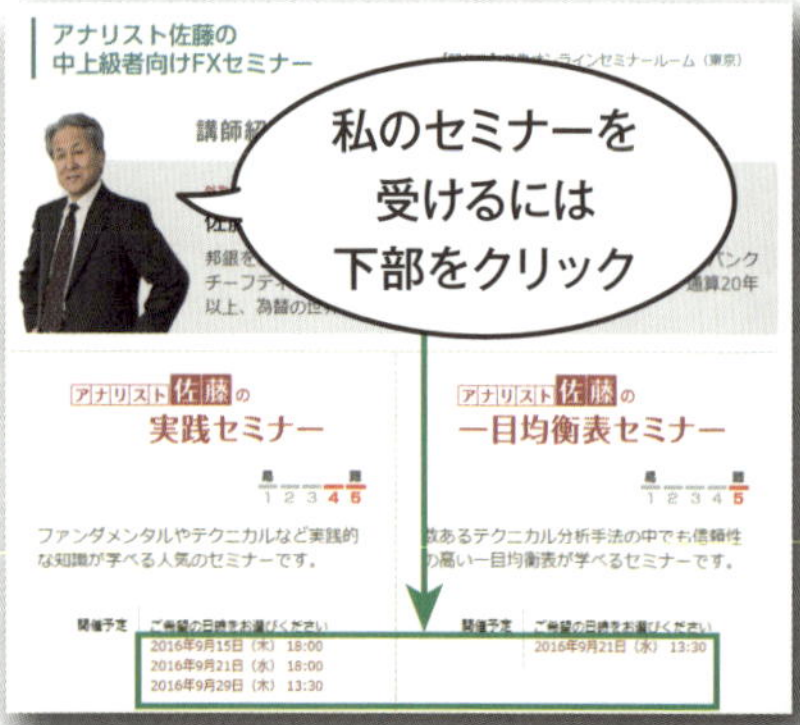

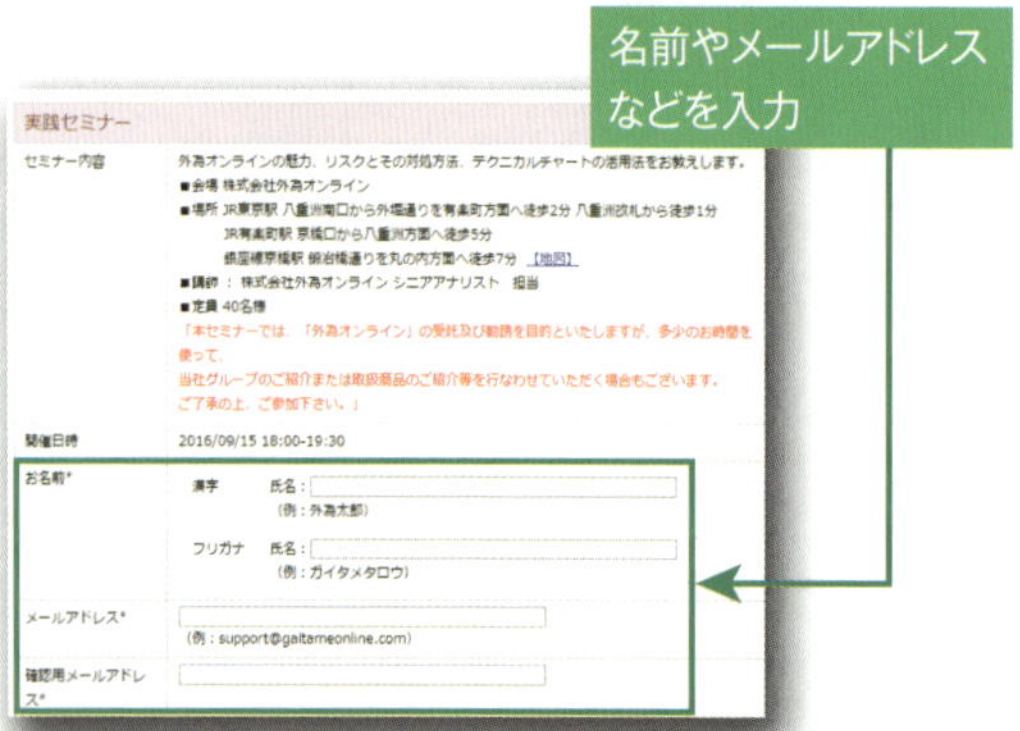

セミナーを受けるメリット

- フェイス・トゥ・フェイスで知識が身につく
- わからないことをセミナー講師に質問できる
- 同じ志を持った投資家の方々と交流できる
- なにより無料がうれしい!

受講者の満足度は98%!

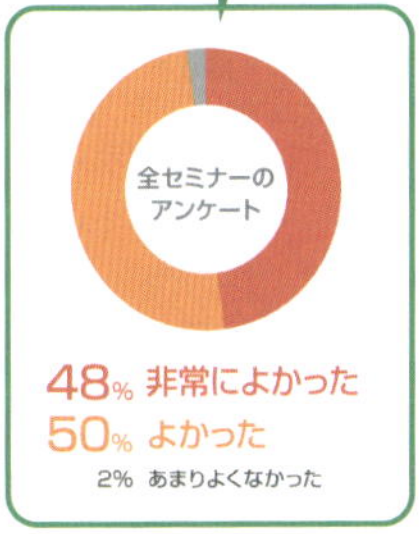

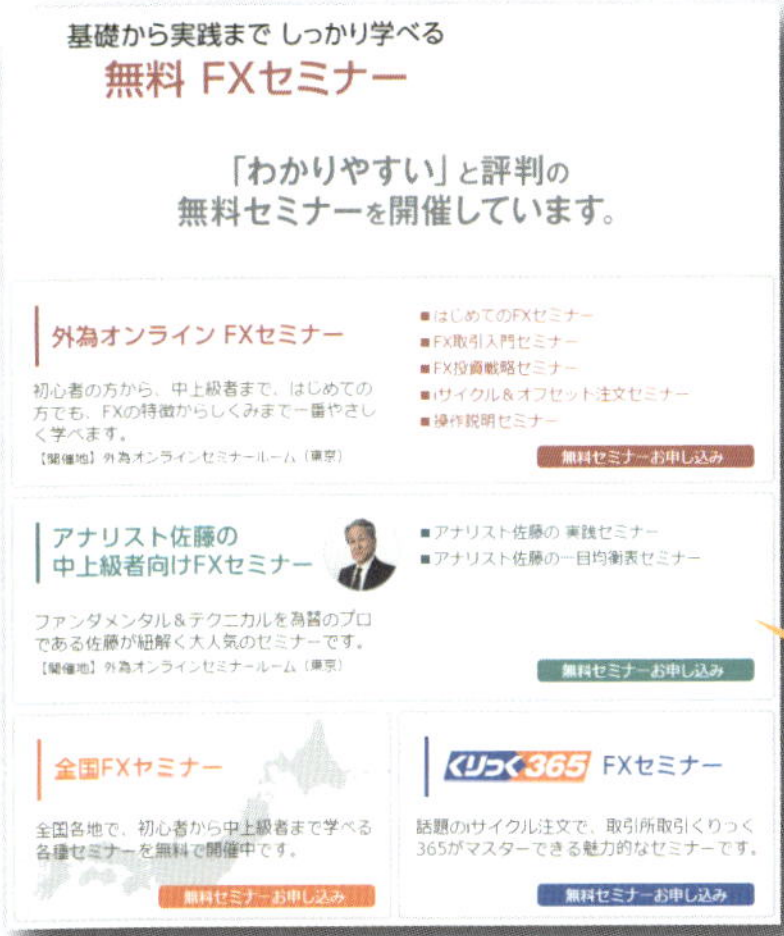
基礎から実践まで しっかり学べる
無料 FXセミナー

「わかりやすい」と評判の
無料セミナーを開催しています。

外為オンライン FXセミナー
初心者の方から、中上級者まで、はじめての方でも、FXの特徴からしくみまで一番やさしく学べます。
【開催地】外為オンラインセミナールーム(東京)
■はじめてのFXセミナー
■FX取引入門セミナー
■FX投資戦略セミナー
■iサイクル&オフセット注文セミナー
■操作説明セミナー
無料セミナーお申し込み

アナリスト佐藤の
中上級者向けFXセミナー
ファンダメンタル&テクニカルを為替のプロである佐藤が紐解く大人気のセミナーです。
【開催地】外為オンラインセミナールーム(東京)
■アナリスト佐藤の 実践セミナー
■アナリスト佐藤の一目均衡表セミナー
無料セミナーお申し込み

全国FXヤミナー
全国各地で、初心者から中上級者まで学べる各種セミナーを無料で開催中です。
無料セミナーお申し込み

くりっく365 FXセミナー
話題のiサイクル注文で、取引所取引くりっく365がマスターできる魅力的なセミナーです。
無料セミナーお申し込み

ほかにも
さまざまなセミナーを
全国各地で開催中!

※セミナーには外為オンラインの受託及び勧誘を目的とする内容も含まれます。

るので、何かわからないことがあれば、なんでも質問できます。

すでにFXを始めてみたものの、なかなかうまくいかない人も、セミナーを受講したり質問コーナーで質問することで「どこがいけないのか?」「どうすればよくなるのか?」がわかると思います。自分と同じようにFXを志す投資家の方々と出会えるのも貴重な体験です。

ほかにも、超初心者向けセミナーや自動売買「iサイクル注文」に特化したセミナーなども開催しています。また、東京だけでなく地方都市での2日間にわたる中味の濃いセミナーも随時開催中です。受講料はすべて無料なので、ぜひ参加してみてください。

■お問い合わせ
本書に関するご質問や正誤表については下記 Web サイトをご参照ください。

正誤表　http://www.shoeisha.co.jp/book/errata/
刊行物 Q&A　http://www.shoeisha.co.jp/book/qa/

インターネットをご利用でない場合は、FAX または郵便にて、お問い合わせください。
回答は、ご質問いただいた手段によってご返事申し上げます。

〒160-0006　東京都新宿区舟町5　FAX 番号 03-5362-3818
宛先　（株）翔泳社 愛読者サービスセンター
※電話でのご質問は、お受けしておりません。

佐藤正和 プロフィール

外為オンライン・シニアアナリスト　邦銀を経て、パリバ銀行（現 BNP パリバ銀行）入行。
インターバンクチーフディーラー、資金部長、シニアマネージャーなどを歴任。
通算 30 年以上為替の世界に携わっている。

STAFF
カバーデザイン　萩原弦一郎（ISSHIKI）
イラスト　刈屋幸代（スタジオ・サンダンス）
本文デザイン /DTP　長谷川清一
文章構成　井上　雄一郎・瀬川　永士
編集　昆清徳・鬼頭勇大（株式会社翔泳社）

チャートがしっかり読めるようになるFX《エフエックス》入門

2016 年 11 月 7 日　初版第 1 刷発行

著者　佐藤正和（さとう まさかず）
発行人　佐々木幹夫
発行所　株式会社翔泳社（http://www.shoeisha.co.jp/）
印刷・製本　株式会社シナノ

ISBN 978-4-7981-4985-1　Printed in Japan